Alexander Goldwein

EXISTENZGRÜNDUNG

leicht gemacht

In 7 Schritten erfolgreich durchstarten in die Selbständigkeit

Geschäftsmodell

Charakterliche Eignung

Recht & Steuern

M&E Books Verlag

EXISTENZGRÜNDUNG LEICHT GEMACHT
In 7 Schritten erfolgreich durchstarten in die Selbständigkeit
Geschäftsmodell, Charakterliche Eignung, Recht & Steuern
Alexander Goldwein
© 2018 - 2023 by M&E Books Verlag GmbH

M&E Books Verlag GmbH
Mittelstr. 11-13
40789 Monheim am Rhein
Telefon 02173-993 8712
Telefax 02173-898 4993
https://me-books.de
info@me-books.de
Steuer-Nr: 218/5725/1344
USt.-IdNr.: DE310782725
Geschäftsführer: Vu Dinh

VORWORT

Viele Menschen träumen von einer Karriere als erfolgreicher Unternehmer. Nur wenigen gelingt es, dieses Ziel zu erreichen. Die Ursachen für das Scheitern der Mehrzahl der Existenzgründer sind vielschichtig. Zu den Hauptursachen gehören schlechte Vorbereitung und mangelnde Selbstkenntnis. Daher werde ich Sie in diesem Ratgeber Schritt für Schritt an die entscheidenden Fragen heranführen und Sie auf die systematische Planung und Durchführung der Existenzgründung vorbereiten. Die wirklich kriegsentscheidenden Weichenstellungen sind die Entwicklung des Geschäftsmodells und eines Businessplans. Zu diesen Themen werde ich Ihnen umfassende Informationen geben und Beispiele von erfolgreich umgesetzten Geschäftsmodellen aus meiner Beratungspraxis vorstellen.

Viele Menschen nutzen ihre Talente und Fähigkeiten nicht, weil sie zu wenig reflektiert und fokussiert sind und verpassen damit die Chance, ein erfolgreicher Unternehmer zu werden. Außerordentlich wichtig ist die genaue Betrachtung Ihre Motivation, sich selbständig zu machen. Viele erfolgreiche Unternehmer geben an, dass sie den Weg in die Selbständigkeit gegangen sind, weil sie erkannt haben, dass sie ihr Leistungspotential in der Rolle des Angestellten nicht voll entfalten konnten. Häufig steckt auch die Erkenntnis dahinter, dass man mit „ehrlicher" Arbeit als Angestellter nicht auf einen grünen Zweig kommt. Als Angestellter sind Sie ein Leben lang auf Abhängigkeit programmiert. Solange Sie im aktiven Arbeitsleben stehen, sind Sie von Ihrem Arbeitgeber und von den monatlichen

Lohn- und Gehaltszahlungen abhängig. Sobald Sie in den Ruhestand eintreten, sind Sie zwar von Ihrem Arbeitgeber unabhängig, werden jedoch von den Rentenzahlungen der Deutschen Rentenversicherung (oder eines anderen Versorgungsträgers) abhängig. Ob die Versorgungsträger tatsächlich in der prognostizierten Höhe Zahlungen erbringen werden, steht völlig in den Sternen. Denn auf lange Sicht können Politiker die Macht der Zahlen nicht durch Propaganda aushebeln.

Eine unternehmerische Tätigkeit als Alternative zum Angestelltendasein kann auch bei der Altersvorsorge einen entscheidenden Vorteil bringen. Denn Unternehmer sind befreit von der zwangsweisen Einzahlung in die gesetzliche Rentenversicherung und können stattdessen steueroptimiert eine eigene Altersvorsorge in Ihrem Unternehmen aufbauen. Das Zauberwort dafür heißt „Pensionszusage" der inhabergeführten GmbH an den Geschäftsführer. Das ist die intelligenteste Kombination einer eigenverantwortlichen Altersvorsorge mit einem Steuersparmodell.

Die Wahrheit ist aber auch, dass nicht jeder geeignet ist, Unternehmer zu werden. Es sind letztendlich grundlegende charakterliche Prägungen und Veranlagungen erforderlich, um sich erfolgreich selbständig zu machen. Mindestens genauso wichtig sind ein planmäßiges Vorgehen und eine gute Organisation. Auf dieser Baustelle werden die meisten Chancen verspielt. Wer sich mit dem Finanzamt anlegt, weil er die Buchhaltung nicht im Griff hat oder mit einer ungünstigen Rechtsformwahl unnötig hohe Steuern zahlt, der wird auf Nebenkriegsschauplätzen die entscheidenden Kraftreserven vergeuden, die in der Phase des Unternehmensaufbaus fehlen. So langweilig es auch klingen mag: Stolpern Sie nicht unvorbereitet und unüberlegt in die Selbständigkeit. Planen Sie Ihre Unternehmung generalstabsmäßig und investieren Sie Ihre Kraft in den Ausbau der Wertschöpfungskette und nicht in einen Kleinkrieg mit dem Finanzamt oder einem Geschäftspartner.

Auf dem Weg in die Selbständigkeit lauern viele Gefahren auf einen jungen Unternehmer. Die größte Gefahr besteht darin, eine Gefahr gar nicht zu kennen oder zu unterschätzen. Genau diese Gefahr ist bei steuerrechtlichen Themen besonders groß, weil hier so unerwartete und erstaunliche Fallen lauern, mit denen kein normal denkender Mensch rechnen würde. Die gute Nachricht ist, dass es nicht nur Fallen gibt, sondern auch verschlungene Pfade, die zu attraktiven Steuersparmöglichkeiten führen.

Alexander Goldwein

INHALTSVERZEICHNIS

9

A. EINFÜHRUNG

Nehmen wir an, dass Sie ein gut qualifizierter Fachmann sind und derzeit als Angestellter beispielsweise € 60.000 brutto pro Jahr verdienen. Nach Abführung von Steuern und Sozialversicherungsbeiträgen bleibt davon vielleicht noch genug übrig, um ein ordentliches Auto zu fahren und ein bescheidenes Reihenhaus in einer mittelgroßen Stadt oder eine Eigentumswohnung in einer Großstadt zu kaufen. Aber Millionär werden Sie damit in Ihrem ganzen Leben wohl nicht. Das liegt nicht etwa daran, dass Sie zu wenig verdienen oder nicht gut genug qualifiziert wären. Es liegt vielmehr daran, dass Sie zu hohe Steuern zahlen und bisher zu wenig Zeit investiert haben, um die Steuerlast zu reduzieren.

Werfen wir dazu einen Blick auf die Statistik der Steuereinnahmen des Staates. Aus der nachfolgenden Grafik können Sie entnehmen, dass Arbeitnehmer mit der Lohnsteuer mit großem Abstand die größte Steuerlast schultern, wenn man von der Umsatzsteuer absieht.

Steueraufkommen nach ausgewählten Steuerarten
in Mrd. EUR

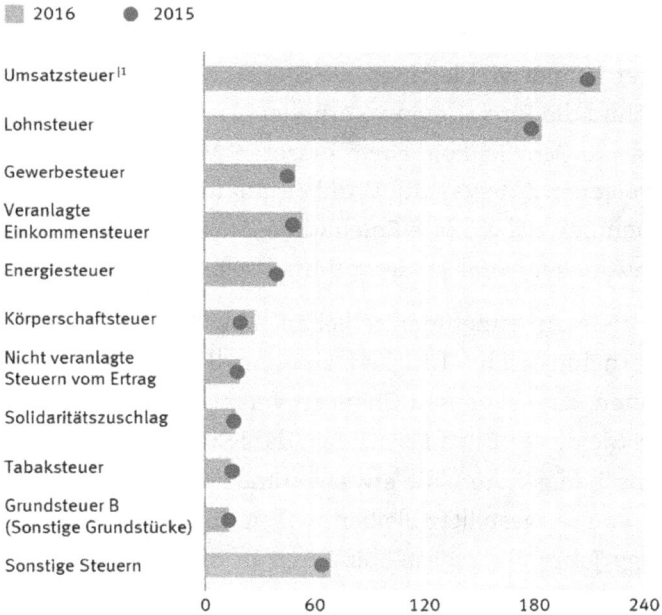

2016   ● 2015

Umsatzsteuer[1]

Lohnsteuer

Gewerbesteuer

Veranlagte
Einkommensteuer

Energiesteuer

Körperschaftsteuer

Nicht veranlagte
Steuern vom Ertrag

Solidaritätszuschlag

Tabaksteuer

Grundsteuer B
(Sonstige Grundstücke)

Sonstige Steuern

0   60   120   180   240

Kassenmäßige Steuereinnahmen nach Steuerarten vor der Verteilung.
1 Einschl. Einfuhrumsatzsteuer.

**Abbildung 1: Bundesamt für Statistik,
Statistisches Jahrbuch 2017, S. 261**

Der große Anteil der Lohnsteuern am gesamten Steueraufkommen des Staates ist nicht nur dadurch zu erklären, dass es viele Arbeitnehmer gibt, sondern auch dadurch, dass Arbeitnehmer von der progressiv ausgestalteten Einkommensteuer gnadenlos erfasst werden. Unternehmer können an dieser Stelle viel besser gegensteuern.

Zwar haben Sie auch als Arbeitnehmer die Möglichkeit, sich als Investor zu betätigen (z.B. durch den Kauf von Immobilien oder Aktien) und dadurch **steueroptimiert** zusätzliche Einnahmen zu erzielen.[1] Allerdings ist es für Unternehmer viel leichter, die Steuerbelastung zu begrenzen und die Einnahmen zu erhöhen. Das betrifft insbesondere die Möglichkeit einer besseren Wertschöpfung aus der eigenen Arbeitskraft. Darüber hinaus haben Sie als Unternehmer viel größere Spielräume, Steuern zu sparen und Ihre Altersvorsorge steueroptimiert selbst zu organisieren.[2]

Viele Arbeitnehmer schieben den Gedanken an eine unternehmerische Tätigkeit zu schnell beiseite und verkennen, dass sie damit Chancen verspielen. Der Umstand, dass Sie dieses Buch lesen zeigt, dass Sie offenbar zu jenen Menschen gehören, die etwas verändern und nicht ihr Leben lang Angestellter bleiben wollen. Ich selbst habe auch einige Jahre als angestellter Jurist in der Rechtsabteilung eines Unternehmens gearbeitet und für mich zunächst nicht die Notwendigkeit gesehen, unternehmerisch tätig zu werden.

---

[1] Ich verweise dazu auf mein Buch „**Geld verdienen mit Wohnimmobilien: Erfolg als privater Immobilieninvestor**" (bei Amazon aufzufinden unter dem folgenden Link: http://amzn.to/22FkyNs).

[2] Ich verweise dazu auf mein Buch „**Rechtsformwahl für Selbständige & Existenzgründer: Mit optimaler Rechtsform Haftung begrenzen, Steuerbelastung senken und Gewinn steigern**" (bei Amazon aufzufinden unter dem folgenden Link: https://amzn.to/2UBF2Z6).

Irgendwann kam das Umdenken. Heute weiß ich, dass ich als Unternehmer viel mehr Leistung bringen und viel mehr verdienen kann. Viele Arbeitnehmer unterschätzen die Vorteile der Selbständigkeit radikal, weil sie sich bisher gar nicht vertieft mit dem Thema auseinandergesetzt haben. Wenn Arbeitnehmer flächendeckend verstehen würden, wie viel Steuern und Abgaben sie mehr bezahlen als vergleichbare Selbständige, dann würden sie viel größere Anstrengungen unternehmen, um in die Welt der Unternehmer einzutreten.

Ich möchte Sie daher ermuntern, auch für sich die Möglichkeit einer unternehmerischen Tätigkeit nicht zu schnell reflexartig zu verwerfen. Insbesondere sind die Chancen für einen Unternehmer in der Regel viel besser, wirklich vermögend und damit finanziell frei und unabhängig zu werden. Das eröffnet auch die Chance, früher in den Ruhestand zu gehen und ein interessanteres Leben zu führen. Ich möchte Sie daher einladen, die nachfolgenden Ausführungen auf sich wirken zu lassen und sich vorurteilsfrei und ergebnisoffen mit der Idee auseinander zu setzen, von der Welt des Angestellten in die Welt des Unternehmers zu wechseln.

Von der Idee einer Unternehmensgründung bis zur Umsetzung ist es ein weiter Weg. Auf diesem Weg sind diverse Fragen aufzuwerfen und Antworten zu finden. Die entscheidenden Weichenstellungen sind bereits in der Gründungsphase vorzunehmen. Das betrifft insbesondere die Rechtsformwahl, weil eine spätere Änderung der Rechtsform sehr unangenehme steuerrechtliche Rechtsolgen haben kann. Davon abgesehen, führt eine suboptimale Rechtsformwahl häufig zu einer unnötig hohen Steuerbelastung.

Das größte Risiko für einen Unternehmensgründer ist Planlosigkeit und Verkennung von Chancen und Risiken. Bevor Sie sich entscheiden, ein Unternehmen zu gründen, sollten Sie sich fragen, ob Sie die notwendigen Voraussetzungen dafür erfüllen. Nicht jeder Mensch verfügt über die charakterlichen Eigenschaften, die einen Unternehmer erfolgreich machen.

Deshalb gibt es signifikant mehr Arbeitnehmer als Unternehmer. Denn wenn es so einfach wäre, als Unternehmer erfolgreich zu sein, dann wäre jeder Unternehmer und es gäbe keine Arbeitnehmer mehr.

Die typischen Fragen, die vor einer Unternehmensgründung aufzuwerfen und einer Antwort zuzuführen sind, sind die folgenden:

1. **Bin ich mit meiner Persönlichkeit und meinen charakterlichen Prägungen überhaupt geeignet, ein Unternehmer zu werden?**
2. **Wie entwickelt man ein funktionierendes Geschäftsmodell?**
3. **Wer gibt mir eine Anschubfinanzierung in der Gründungsphase?**
4. **In welcher Rechtsform sollte ich mein Unternehmen betreiben?**

5. Welche Steuern muss ich bezahlen und lässt sich die Belastung durch die Rechtsformwahl oder andere Entscheidungen beeinflussen?

In diesem Ratgeber erhalten Sie umfangreiche Informationen, um die richtigen Antworten auf diese Fragen zu finden.

Interessant ist, dass in den letzten Jahren die Zahl der Existenzgründungen relativ stark zurückgegangen ist: Ausweislich des KfW Gründungsmonitors 2018 ist die Talfahrt der Gründungstätigkeit auch im Jahr 2017 weitergegangen.[3] Mit 557.000 Existenzgründern haben damit 115.000 Personen weniger Menschen eine selbstständige Tätigkeit begonnen als noch im Jahr 2016.

Dieser weitere Rückgang von 17% im Vergleich zum Vorjahr hat zu einer historisch niedrigen Gründerquote von 1,08% geführt. Vor allem Nebenerwerbsgründungen sind stark zurückgegangen. Die Zahl sackte um 101.000 auf 323.000 und damit um 24% ab. Die Zahl der Vollerwerbsgründer verringerte sich dagegen nur um 6% auf 234.000 Personen.

Meines Erachtens kann aus dieser Entwicklung nicht die Schlussfolgerung gezogen werden, dass eine Existenzgründung nicht mehr attraktiv ist. Vielmehr sind die Zah-

---

[3] Ich verweise dazu auf den KfW Gründungsmonitor 2018, den Sie unter dem folgenden Kurzlink im Internet kostenlos herunterladen können: https://goo.gl/Gjipps

len damit zu erklären, dass der Arbeitsmarkt für qualifizierte Kräfte leergefegt ist und daher die Zahl der Existenzgründungen aus Verzweiflung zurückgegangen ist, weil der reguläre Arbeitsmarkt genug Chancen für Angestellte bietet.[4]

Das bedeutet, dass die eingedampfte Zahl von Existenzgründungen eine deutlich höhere Quote von „Überzeugungstätern" aufweist. Das jedenfalls ist eine plausible Erklärung für den Umstand, dass die strukturelle Qualität der Existenzgründungen ausweislich des KfW Gründungsmonitors 2018 insgesamt gestiegen ist.[5]

Es ist und bleibt daher sehr entscheidend, dass Sie eine Existenzgründung aus innerer Überzeugung heraus durchführen und nicht aus Verzweiflung. Denn das hat einen direkten Einfluss auf die Erfolgsaussichten. Richtig ist aber auch, dass der sich seit einigen Jahren immer deutlicher abzeichnende Fachkräftemangel am Arbeitsmarkt schwierigere Rahmenbedingungen für personalintensive Geschäftsmodelle nach sich zieht. Das ist ein Grund mehr, die Existenzgründung gut vorzubereiten und nicht planlos anzugehen.

---

[4] In diese Richtung interpretiert auch der Spitzenverband der Industrie- und Handelskammern die Entwicklung der Zahlen. Ich verweise dazu auf den DIHK Gründerreport 2018, den Sie unter dem folgenden Kurzlink im Internet kostenlos herunterladen können: https://goo.gl/3HwPPP

[5] Ich verweise dazu auf den KfW Gründungsmonitor 2018, den Sie unter dem folgenden Kurzlink im Internet kostenlos herunterladen können: https://goo.gl/Gjipps

B. CHARAKTERLICHE EIGNUNG (SCHRITT 1)

Was aber sind nun die Eigenschaften, die einen erfolgreichen Unternehmer auszeichnen? Eine Antwort auf diese Frage findet man, wenn man die Lebensläufe von extrem erfolgreichen Unternehmern studiert.

Nehmen wir z.B. Jeff Bezos. Er ist der Gründer von Amazon und mittlerweile zum reichsten Menschen der Erde aufgestiegen. Dabei hatte er alles andere als optimale Startbedingungen. Wussten Sie, dass Herr Bezos von einem Teenager zur Welt gebracht wurde und ein Scheidungskind ist? Seine Mutter war 17 Jahre alt, als er geboren wurde. Sie ließ sich ein Jahr später von seinem Vater scheiden und heiratete nach weiteren vier Jahren den Exilkubaner Miguel Bezos, dessen Nachnamen später auch Jeff annahm. Bezos hatte großes Talent und machte an der Princeton University mit Bestnoten seinen Bachelor-Abschluss in Informatik und Elektrotechnik.

In Interviews ist er immer wieder gefragt worden, was das Geheimnis seines legendären Erfolges ist. Seine Antworten darauf waren immer die gleichen: Allen voran die bedingungslose Fokussierung auf den Kunden und ein gutes Produkt. Alle reden davon, aber zu viele Unternehmer handeln nicht danach. Es ist ein Unterschied, ob ich in der Werbung behaupte, dass der Kunde im Fokus steht oder ob das wirklich der Fall ist. Auf lange Sicht merken die Kunden natürlich, ob sie wirklich hervorragenden Service bekommen haben oder, ob dies nur behauptet worden ist.

Bezos hat sich zum Ziel gesetzt, die zufriedensten Kunden der Welt zu haben. Dazu gehört nach seiner Auffassung, dass die Kunden schnell und bequem beliefert werden, eine riesige Auswahl haben und die Produkte bewerten können. Außerdem ist es ihm wichtig, den Geist von „Tag 1" bei der Entwicklung eines Unternehmens aufrechtzuerhalten. Damit meint er, sich nicht auf Lorbeeren auszuruhen, sondern täglich nach Verbesserungspotential zu suchen und Vollgas zu geben. Auch dann, wenn das Unternehmen bereits erfolgreich und gut im Markt positioniert ist, strengt sich nach der Philosophie von Bezos ein guter Unternehmer an wie an „Tag 1" der Unternehmensgründung. Diese Einschätzung von Bezos fügt sich nahtlos in das Bild von anderen Unternehmern ein, die kurze Zeit erfolgreich waren und dann wieder in der Bedeutungslosigkeit verschwunden sind. Nicht wenige dieser Unternehmer beklagten in der Rückschau, dass ein schneller Anfangserfolg sie nachlässig gemacht und dazu geführt hat, dass sie ihr Potential nicht mehr voll ausgeschöpft haben. Das führt dann zu Äußerungen, die etwa so lauten: *„Seit wir anfingen, uns im Erfolg zu sonnen und viel Zeit damit verbrachten, Pressemitteilungen über unsere Erfolge zu schreiben und zu lesen, ging es bergab."*

Schließlich ist es nach Einschätzung von Bezos wichtig, Trends zu erkennen und frühzeitig auf das richtige Pferd zu setzen. Das ist ihm mit seinem Unternehmen Amazon offenbar sehr gut gelungen. Er hat früher als andere erkannt, dass das Internet den Handel revolutionieren würde und bereits im Jahr 1994 auf diese Karte gesetzt. Zu dieser Zeit gab es noch zahlreiche Leute, die nicht einmal eine E-Mail-Adresse hatten. Interessant ist auch, dass Bezos damals eine gut bezahlte Festanstellung bei einer Investment-Bank aufgegeben hat, um seinen Traum von der Selbständigkeit zu verwirklichen. Auch das zeigt, dass er ein echter Überzeugungstäter ist. Nach der Darstellung von Bezos hat er seinen damaligen Chef sogar auf seine Geschäftsidee angesprochen und ihn nach seiner Meinung dazu gefragt. Die Antwort des Chefs lautete sinngemäß etwa so: „*Das ist eine durchaus interessante Geschäftsidee für einen Arbeitslosen oder schlecht bezahlten Angestellten. Das sind Sie aber nicht als gut verdienender Angestellter einer Investmentbank und daher ist diese Idee nichts für Sie!*"

Last but not least gehört nach Aussagen von Bezos auch Risikobereitschaft zu erfolgreichem Unternehmertum. Er hat angegeben, dass er als Unternehmer schnelle Entscheidungen treffen muss. Das führt dazu, dass häufig nur 70% der Informationen vorliegen statt angestrebter 100%. Wenn man jedoch länger zuwartet, sind Konkurrenten schneller und besetzen als erste ein Geschäftsfeld. Also muss man lernen, auf der Grundlage von weniger Informationen schnelle und gute Entscheidungen zu treffen.

Anhand des Lebenslaufes von Bezos dürfte deutlich geworden sein, dass es nicht optimale Startbedingungen sind, die einen Menschen zu unternehmerischem Erfolg führen, sondern ein eiserner Wille und eine Vision, die mit Herzblut und Weitsicht umgesetzt wird. Darüber hinaus ist es wichtig, dass die Ziele und Visionen nicht nur ab und zu verfolgt werden, sondern täglich zum Gradmesser des eigenen Handelns werden.

Nehmen wir als weiteres Beispiel eines erfolgreichen Unternehmers Herrn Jen-Hsun Huang, um die Voraussetzungen für unternehmerischen Erfolg zu identifizieren. Wissen Sie, wer das ist? Er ist Mitbegründer und Vorstandsvorsitzender des Unternehmens Nvidia in Kalifornien. Das Unternehmen stellt Grafik-Chips und Grafikkarten für Computer her. In dem Computer, auf dem ich gerade diese Zeilen schreibe, ist auch eine Grafikkarte von Nvidia eingebaut. Das dürfte für Ihren Computer mit hoher Wahrscheinlichkeit auch zutreffen. Mittlerweile ist Nvidia der größte und erfolgreichste Hersteller von Grafik-Chips und Grafikkarten weltweit. Aber das Unternehmen war nicht von Anfang an erfolgreich. Die erste Generation von Grafik-Chips von Nvidia war ein Flop und bescherte dem jungen Unternehmen in den ersten Jahren nach der Gründung schmerzhafte Verluste.

Doch der Unternehmensgründer Jen-Hsun Huang gab nicht auf und brachte eine zweite Generation von Grafik-Chips heraus. Diese verhalf dem Unternehmen schließlich zum Durchbruch und legte das Fundament für eine legendäre Erfolgsgeschichte. Ohne die Fähigkeit, mit der Niederlage und dem Stress aus den Verlusten des Unternehmens konstruktiv umzugehen, hätte Jen-Hsun Huang nicht die Kraft gefunden, einen zweiten Anlauf zu unternehmen und schließlich erfolgreich zu werden. Dieses Beispiel ist kein Einzelfall. Es gibt zahlreiche legendäre Unternehmer, die erst nach mehreren Fehlschlägen erfolgreich geworden sind.

„Kleine Seelen werden durch Erfolg übermütig

und durch Misserfolg niedergeschlagen."

Epikur

Die Fähigkeit zum richtigen Umgang mit einer Niederlage ist sehr wichtig für nachhaltigen Erfolg als Unternehmer. Bei langfristiger Betrachtung sind sogar häufig die Unternehmer erfolgreicher, die nicht im ersten Anlauf Erfolg hatten. Es kommt sogar vor, dass Menschen in der Rückschau beklagen, dass ein schneller Anfangserfolg sie nachlässig gemacht und dazu geführt hat, dass sie ihr Potential nicht voll ausgeschöpft haben. Bei Menschen, die zunächst eine Niederlage verdauen mussten, gibt es einen umgekehrten Effekt. Sie berichten, dass die schmerzhafte Niederlage Kraftreserven mobilisiert und ihren Willen angestachelt hat, wie es sonst kaum möglich gewesen wäre. Außerdem gehen diese Menschen mit dem dann schließlich erkämpften Erfolg sorgsamer um, weil sie wissen, wie bitter eine Niederlage ist.

Niederlagen und Fehlschläge darf man niemals zum Anlass nehmen aufzugeben. Wenn man sich mit diesem Glaubenssatz nicht anfreunden kann, dann indiziert das eine mangelnde Eignung für eine Karriere als erfolgreicher Unternehmer. Eines der Mottos meines Lebens lautet: *„Never give up!"* Ich kann aus eigener Erfahrung bestätigen, dass Niederlagen und Fehlschläge einen stärker machen können. Wichtig ist der richtige Umgang mit Fehlschlägen. Sie sollten diese niemals zum Anlass nehmen, an Ihrem Wert oder an Ihren Fähigkeiten zu zweifeln. Fassen Sie einen Fehlschlag als Fingerzeig des Lebens auf, eine Kurskorrektur vorzunehmen. Mit dieser Einstellung reduzieren Sie die Gefahr, dass Sie durch eine Niederlage demoralisiert werden.

Zusammenfassend können wir festhalten, dass für den Erfolg eines Unternehmers Beharrlichkeit und charakterliche Qualitäten wichtiger sind als optimale Startbedingungen. Es ist daher falsch und Selbstbetrug, wenn Menschen behaupten, dass sie deshalb nicht erfolgreiche Unternehmer sein könnten, weil sie nicht reich geboren wurden und zu schlechte Startbedingungen hatten. Das belegen eindrucksvoll die oben dargestellten Beispiele von zwei erfolgreichen Unternehmerlegenden (Jeff Bezos und Jen-Hsun Huang). Ich kenne persönlich zahlreiche Unternehmer, die ebenfalls aus prekären Verhältnissen gestartet sind und alles andere als auf Rosen gebettet waren und am Ende des Tages gleichwohl sehr erfolgreich geworden sind. Es besteht tatsächlich kein Zusammenhang dahingehend, dass nur optimale Startbedingungen überdurchschnittlichen unternehmerischen Erfolg ermöglichen.

I. MOTIVE FÜR UNTERNEHMERTUM

Eine weitere wichtige Fragestellung bezieht sich auf Ihre Motive, sich als Unternehmer zu betätigen. Wenn Ihnen dazu nicht mehr einfällt als Ihr Wunsch, mehr Geld zu verdienen und einen Mercedes zu fahren, dann fehlt etwas Entscheidendes. Allein der Wunsch nach mehr Geld wird auf lange Sicht keine hinreichende Antriebskraft sein, um die deutlich höheren Belastungen und Risiken eines Unternehmers zu schultern. Es sollte daher weitere Motive geben.

Bedenklich ist auch, wenn Ihre Motivation ausschließlich durch Frust und Unzufriedenheit mit dem Angestelltendasein gespeist wird. Es ist eine Sache, etwas nicht mehr zu wollen. Aber es ist eine andere Sache, etwas anderes gezielt zu wollen. Es ist ähnlich wie mit Auswanderern, deren einziges Motiv die Behauptung ist, dass in Deutschland alles furchtbar ist und sie nur noch weg wollen - egal wohin. Diese Auswanderer werden mit an Sicherheit grenzender Wahrscheinlichkeit nach kurzer Zeit resigniert feststellen, dass es woanders noch schrecklicher als in Deutschland ist. Sie werden daher in den seltensten Fällen im Ausland erfolgreicher und zufriedener werden als in Deutschland. Viel wichtiger, als irgendwo weg zu wollen oder etwas nicht mehr zu wollen, ist eine präzise Antwort auf die Frage, wo genau man hin will. Mit anderen Worten: Sie müssen ein klares und realistisches Ziel vor Augen haben. Seien Sie ehrlich zu sich selbst und hinterfragen Sie sehr kritisch Ihre Motivation, Unternehmer zu werden.

Es kann erkenntnisreich sein, dass Sie sich selbst die Frage stellen, was Ihr stärkster innerer Antreiber ist. Mit anderen Worten: Für welches Ziel sind Sie bereit, die größten Kraftanstrengungen zu unternehmen und Ihre gesamten Ressourcen einzusetzen? Bei der Suche nach einer Antwort ist es wichtig, ehrlich zu sich selbst zu sein. Machen Sie bitte nicht den Fehler, vorschnell etwas zu antworten, was man allgemein so als höheres Ziel anstreben sollte wie z.B. Gerechtigkeit. Es geht bei der Frage nicht darum, in einer Talkshow eine gute Figur zu machen oder unter Beweis zu stellen, dass man gut erzogen ist. Es geht vielmehr darum, die Wahrheit zu erkennen. Denn nur das bringt Sie wirklich weiter. Wenn Sie spontan keine Antwort auf diese Frage haben, dann spricht das sehr dafür, dass Sie wirklich ehrlich sind und ernsthaft nach der richtigen Antwort suchen. Das ist auf jeden Fall besser, als vorschnell die Suche mit einer gefällig erscheinenden Antwort zu beenden, bevor sie richtig begonnen hat.

Ich habe mir selbst vor Jahren die Frage gestellt, was mich antreibt und auf welches Ziel ich zustrebe. Meine Antwort auf die Frage lautet **Freiheit**. Mein innerer Antreiber und das Ziel, auf das meine Anstrengungen in der Vergangenheit zugelaufen sind und auch in der Gegenwart zulaufen, ist Freiheit. Diese Erkenntnis war außerordentlich wichtig für mich, weil sie der Wegbereiter in mein neues Leben als Unternehmer und Bestsellerautor war.

Die Kehrseite der Freiheit ist natürlich das Risiko. Ich habe mich für die Freiheit und das damit verbundene Risiko entschieden. Diese Entscheidung ist aber nicht für jeden Menschen richtig. Es gibt Menschen, für die ein zu großes Maß an Freiheit und Risiko bedrohlich ist. Auch das meine ich nicht als Wertung. Es ist einfach so und das ist nicht ehrenrührig. Es ist sehr wichtig, das für sich selbst klar zu sehen. Denn durch eine Entwicklung in die falsche Richtung können Sie sich unglücklich machen. Das Leben ist gefährlich und ein Menschenleben ist zerbrechlich. Daher ist es richtig, Respekt vor den Risiken zu haben.

> *„Das Geheimnis des Glücks ist die Freiheit.*
> *Das Geheimnis der Freiheit aber ist der Mut."*
>
> **Perikles**

Heute bin ich wirtschaftlich vollständig unabhängig und fühle mich absolut frei und glücklich. Ich kann meine Zeit frei einteilen und selbst entscheiden, wie ich meinen Tag gestalte. Diese Freiheit nutze ich für ausgedehnte Reisen in alle Welt, aber auch für die Weiterentwicklung meiner Unternehmungen und Investitionen. Ich arbeite mehr als ich das als Angestellter getan habe, bin aber gleichwohl weniger erschöpft und müde. Das liegt schlicht und einfach daran, dass ich meine Berufung gefunden habe. Arbeiten ist nicht so sehr eine Frage der körperlichen oder geistigen Anstrengung. Es ist vielmehr eine Frage der Einstellung zum eigenen Leben und zur eigenen beruflichen Betätigung. Wer im „falschen Film" ist, verschwendet erschreckend viel mentale Kraft. Das ist es, was am Ende des Tages zum Burn-Out führt und nicht die tatsächlichen Anstrengungen der Arbeitsbelastung an sich.

Ich bekomme immer wieder Anrufe und E-Mails von Headhuntern oder Personalchefs, die mich auf hochbezahlte Positionen in der Wirtschaft locken wollen. Ich lehne jedes Mal ohne Zögern ab. Ich würde mich in die falsche Richtung bewegen, wenn ich diese Offerten annähme. Entscheidend ist für mich, dass ich ein Stück meiner jetzigen Freiheit als erfolgreicher Unternehmer und Investor aufgeben würde. Das allein reicht als Grund für mich aus, diesen Schritt nicht zu tun und meiner wahren Berufung treu zu bleiben. Ich bin aus tiefster innerer Überzeugung Unternehmer und Autor, weil es die einzige Form beruflicher Betätigung ist, die meinen Freiheitshunger zu stillen vermag und die es mir ermöglicht, mein Leistungspotential voll zu entfalten.

Wenn Sie für sich selbst herausgefunden haben, was **Ihr** innerer Antreiber ist, sind Sie einen ganz entscheidenden Schritt weiter. Denn eine solche Erkenntnis gibt Orientierung und erleichtert es, gute und schnelle Entscheidungen zu treffen. Ich habe das im vorhergehenden Absatz exemplarisch für die Freiheit als Leitmotiv meines eigenen Lebens gezeigt. Ohne diese grundlegende Erkenntnis wäre ich vielleicht schon nicht mehr so frei wie ich es heute bin, weil ich mich z.B. wieder in ein Angestelltenverhältnis begeben hätte. Zum Glück habe ich diesen Fehler nicht gemacht. Wie Sie sehen, helfen grundlegende Erkenntnisse, mit traumwandlerischer Sicherheit die richtigen Entscheidungen zu treffen und sich nicht vom Weg abbringen zu lassen.

II. IST UNTERNEHMERISCHER ERFOLG ERLERNBAR?

Immer wieder wird mir die Frage gestellt, in welchem Seminar oder von welchem Coach man sich zum erfolgreichen Unternehmer ausbilden lassen kann. Diese Frage geht jedoch in die falsche Richtung, weil sie verkennt, dass es um viel mehr geht als um Lektionen aus einem Lehrbuch, die gepaukt werden müssen, um eine Abschlussklausur zu bestehen, die von einem Lehrer bewertet wird. Daher indiziert der Umstand, dass jemand als erstes nach einem Trainer oder Coach fragt, der ihn zum unternehmerischen Erfolg führen möge, schon fast eine mangelnde Eignung für eine erfolgreiche Zukunft als Unternehmer. Warum ist das so? Unternehmerischer Erfolg lebt von Eigeninitiative und Eigenverantwortung. Wer einen Unterricht besuchen und einem Lehrer zuhören will statt sich eigene Gedanken zu machen, der verpasst die entscheidende Lektion des Lebens und verkennt, dass gerade diese Fixierung auf einen Lehrer, Coach oder Kundschafter das Problem ist.

Ja, man kann unternehmerischen Erfolg lernen. Es ist sogar so, dass er nicht einfach passiert, sondern in aller Regel erlernt werden muss. Dabei ist der Lernprozess nicht fokussiert auf einen bestimmten Lernstoff, der dann im Rahmen einer Abschlussprüfung abrufbar sein und unter Beweis gestellt werden muss. Vielmehr ist es nach meiner Überzeugung so, dass es um grundlegendere Erkenntnisse von Zusammenhängen und Gesetzmäßigkeiten geht, die unternehmerischen Erfolg möglich machen.

Verstehen Sie mich bitte nicht falsch. Ich bin nicht dagegen, dass Sie sich Fachwissen aneignen und Diplome erwerben und Staatsexamina ablegen. Ich selbst habe das auch getan. Ich habe in drei Staaten in drei Sprachen studiert und ein umfangreiches Fachwissen aufgebaut. Das war richtig und sicherlich keine verschwendete Zeit. Aber das allein war nicht ausreichend, um erfolgreicher Unternehmer zu werden. Eine Zeit lang hatte ich geglaubt, dass noch mehr Fachwissen und noch mehr Universitätsabschlüsse und akademische Weihen mich erfolgreicher machen würden. Aber es fehlte etwas, um mit all diesem Wissen etwas Bedeutendes zu tun, um überdurchschnittlichen Erfolg zu haben. Den entscheidenden Erkenntnisbaustein habe ich einige Zeit später gefunden. Er bestand in der Erkenntnis meiner wahren Stärken und Talente. Mir wurde klar, dass mein Platz nicht in der Rechtsabteilung einer Bank ist, um die Bankmanager rechtlich zu beraten. Das konnte ich zwar und war nach Ansicht der Kollegen sehr erfolgreich auf diesem Gebiet. Aber es befriedigte mich nicht und ich ahnte tief in meinem Inneren, dass das noch nicht meine wahre Bestimmung ist. Irgendwann erkannte ich, dass ich über eine viel wertvollere Fähigkeit verfüge, die ich bis dahin nicht genutzt hatte: Es ist die Fähigkeit, Sachbücher für ein Millionenpublikum zu schreiben und komplizierte Themen in Buchform so zu vermitteln, dass jeder sie ohne Kopfschmerzen begreifen kann. Mir wurde klar, dass ich auf diesem Gebiet über ein Potential verfüge, dass nur sehr wenige Menschen haben. Diese Erkenntnis kam aus mir selbst. Kein Lehrer und kein Coach hat mir den Weg gezeigt. Den Weg konnte ich nur selbst finden.

Meine ersten Sachbücher für Privatanleger zum Thema Kapitalanlagen in Wohnimmobilien haben innerhalb kürzester Zeit die einschlägigen Bestsellerlisten gestürmt. Nach gerade einmal einem Jahr war ich auf diesem Sachgebiet Marktführer in Deutschland, Österreich und der Schweiz. Ich erhielt zahllose E-Mails von begeisterten Lesern, die sich bedankten, dass ich mein Wissen mit ihnen teile und so schreibe, dass es jeder verstehen kann. Unter den Lesern war die gesamte Bandbreite der Bevölkerung vertreten: Professoren, Ärzte, Rechtsanwälte, Steuerberater, Ingenieure, Geschäftsführer, Politiker, Journalisten und eben auch einfache Angestellte, die keine Universität besucht hatten und schließlich sogar Leute, die nie zuvor ein Sachbuch gelesen hatten. Mir war das Kunststück gelungen, sie alle zu erreichen und ihnen komplizierte Themen so zu vermitteln, dass alle Leser zufrieden waren. Damit hatte ich meine wahre Berufung gefunden.

Meine Universitätsabschlüsse sind zwar ein gutes Fundament für meinen unternehmerischen Erfolg. Aber sie allein haben noch nicht zum Durchbruch geführt. Der entscheidende Baustein war die Erkenntnis meiner wahren Stärken **und** der eigenverantwortliche Einsatz derselben in konkreten eigenen Projekten.

An dieser Stelle möchte ich eine Warnung aussprechen: Hüten Sie sich vor Ratschlägen von selbsternannten Lebensberatern, die Ihnen erklären, dass Sie der Mensch sein können, der Sie sein wollen. Das wird leider häufig in seichter Ratgeberliteratur behauptet. Demnach könnte jeder erfolgreicher Unternehmer oder Popstar werden, wenn er es nur stark genug will. Das geht in eine falsche Richtung und verkennt die tatsächlichen Zusammenhänge, dass jeder Mensch grundsätzliche Prägungen hat, die seinen Charakter ausmachen und letztlich auch die möglichen Richtungen für eine erfolgreiche Entfaltung vorgeben. Es ist daher nicht entscheidend, einfach nur zu wünschen, ein erfolgreicher Unternehmer zu sein und sich nach Kräften zu verstellen. Es ist vielmehr entscheidend, herauszufinden, welcher Mensch man tatsächlich ist, um auf der Grundlage dieser Erkenntnis sein Potential voll zu entfalten. Denn ein erfolgreicher Unternehmer ist in der Regel jemand, der etwas besser macht als alle anderen und mit einer Innovation über die Masse herausragt. Das verkennen leider einige selbsternannte Lebensberater und schicken Menschen in die falsche Richtung.

Aus diesen Gründen kann nicht jeder Mensch erfolgreicher Unternehmer sein. Nur wer bereit ist, seinen individuellen Weg zu gehen, Risiken einzugehen und seine Stärken voll auszuspielen, wird die Kraft und die Motivation haben, als Unternehmer erfolgreich zu sein.

III. WIE ENTSCHEIDEND IST DIE BERUFSWAHL?

Eine in Deutschland häufig vertretene und wenig hinterfragte These ist, dass die getroffene Berufswahl eines Menschen vorgibt, was dieser bis zum Renteneintritt zu arbeiten hat. Das ist ein ziemlich statisches Weltbild, das der Dynamik eines Menschenlebens nicht wirklich gerecht wird. Es ist auch eine unnötige Einengung der Perspektive auf eine einzige von sehr vielen Möglichkeiten. Denn Menschen können weitere Berufe erlernen und sich in eine neue Richtung weiterentwickeln. Nirgendwo steht geschrieben, dass ein Mensch nur eine einzige Ausbildung machen kann. Außerdem ist der gelernte Beruf nur das Fundament, auf dem das Gebäude eines gelungenen Berufslebens und wirtschaftlichen Erfolges errichtet werden kann und nicht das Gebäude selbst. Es offenbart sich mithin, dass die verkürzte und simplifizierte Betrachtung verkennt, dass die Berufswahl keine Verurteilung zur lebenslänglichen Ausübung des gelernten Berufes ist.

Viele Menschen verpassen deshalb die Chance, ein erfolgreicher Unternehmer zu werden, weil sie sich einer einmal getroffenen Berufswahl verpflichtet fühlen. Lernen ist gut und ich empfehle Ihnen, zunächst eine Ausbildung zu machen oder ein Studium abzuschließen, bevor Sie sich selbständig machen. Danach dürfen Sie sich frei fühlen, auch fachfremd unternehmerisch tätig zu werden.

Im Idealfall kann ein erlernter Beruf ein gutes Fundament für die spätere unternehmerische Tätigkeit sein. Bei mir war es z.B. so, dass der erfolgreiche Abschluss eines Jurastudiums eine gute Grundlage war, um Unternehmer, Investor und Sachbuchautor zu werden. Aber selbst wenn Sie den erlernten Beruf nicht 1:1 in Ihre Karriere als Unternehmer einbringen können, so werden Sie gleichwohl von der Lebenserfahrung profitieren, das „Unternehmen" Ausbildung erfolgreich absolviert zu haben. Es schult das Denken und fördert die Fähigkeit zur Selbstorganisation.

Ich nenne Ihnen ein Beispiel. Ein Kollege, mit dem ich in einer Bank zusammengearbeitet habe, ist gelernter Mediziner. Da er jedoch erkannt hat, dass der Beruf des Arztes doch nicht das richtige für ihn ist, hat er sich nach Abschluss des Medizinstudiums zum Banker weiterentwickelt und ist erfolgreich und zufrieden damit geworden. Es ist viel besser, sich einzugestehen, dass ein erlernter Beruf doch nicht den eigenen Neigungen und Talenten entspricht und dann etwas Neues auszuprobieren als sich ohne Not zu lebenslänglicher Ausübung eines gehassten Berufes zu verurteilen. Niemand zwingt Sie dazu, es sei denn Sie zwingen sich selbst durch ein engstirniges Weltbild.

Jetzt mögen Sie einwenden, dass ein Studium und eine Ausbildung Geld kosten und nicht jeder Mensch die finanziellen Möglichkeiten hat, lange herumzuexperimentieren. Da haben Sie natürlich Recht. Daher ist es besser, wenn man im ersten Anlauf den richtigen Beruf wählt. Ich rate dazu, möglichst bewusst über die Berufswahl nachzudenken und die getroffene Wahl noch mit mindestens einem Praktikum abzusichern, um zu sehen, was die Ausübung eines Berufes im Arbeitsalltag bedeutet. Wenn sich die getroffene Wahl als falsch herausstellt, dann sollte das einen Menschen aber nicht davon abhalten, eine Kurskorrektur vorzunehmen. Das ist natürlich mit finanziellen Einschränkungen und Opfern verbunden. Das kann man nicht wegdiskutieren. Aber die Kosten einer weiteren Ausbildung sind auf lange Sicht betrachtet eine gute Investition in die Zukunft, die sich vielfach auszahlt (in Geld und in Lebensfreude). Die Alternative, einen gehassten Beruf widerwillig bis zur Rente auszuüben, ist keine echte Alternative, sondern eine unnötige Grausamkeit, aus der nichts Gutes erwachsen wird.

Ich selbst arbeite auch nicht mehr in meinem gelernten Beruf. Ich bin ausgebildeter Jurist und für den Beruf des Richters, Rechtsanwaltes und Staatsanwaltes qualifiziert. Tatsächlich arbeite ich als Unternehmer, Investor und Schriftsteller. Das war für mich eine sinnvolle Weiterentwicklung, die ich zu keiner Zeit bereut habe. Ich hätte mir diese Entwicklungsmöglichkeit verbaut, wenn ich mich auf die Perspektive versteift hätte, dass ich nur den gelernten Beruf ausüben darf und keinen anderen.

Außerdem gibt es Berufe, die man gar nicht an einer Universität oder Schule lernen kann. Dazu gehört z.B. der Beruf des Unternehmers, Investors oder Schriftstellers. Insbesondere der Beruf des Unternehmers ist kein klassischer Ausbildungsberuf. Häufig sind z.B. Gründer und Manager von Technologieunternehmen gelernte Ingenieure für Maschinenbau oder Elektrotechnik. Tatsächlich beschäftigen sie sich als Unternehmer und Manager jedoch mehr mit Zahlen, Verträgen und Menschen als mit Maschinen und elektronischen Bauteilen. Ich kann nichts Falsches daran erkennen, dass ein Maschinenbauingenieur sich zu einem Unternehmer und Manager weiterentwickelt. Ich würde mir wünschen, dass man in Deutschland in dieser Hinsicht flexibler denkt und es nicht als Karriereknick oder Bruch im Lebenslauf ansieht, wenn Menschen sich weiterentwickeln und das klassische Feld des erlernten Berufes verlassen.

Die Entscheidung für einen bestimmten Beruf treffen die meisten Menschen in jungen Jahren auf der Grundlage von relativ wenig Lebenserfahrung. Es liegt daher in der Natur der Sache, dass das Risiko einer Fehlentscheidung relativ groß ist. Wenn mich ein junger Mensch um Rat fragt, welchen Beruf er ergreifen soll und ob er lieber Angestellter oder Unternehmer werden soll, dann gebe ich die Empfehlung, sich zunächst der Frage zuzuwenden, wer er ist und welche Stärken und Schwächen er hat. Schließlich kann es hilfreich sein, sich selbst die Frage zu stellen, welche Erwartungen man an einen Beruf hat. Darüber hinaus rate ich dazu, möglichst viele Praktika zu machen und sich mit Menschen zu unterhalten, die einen Beruf bereits ausüben. Dabei sollte man keine Hemmungen haben, die Leute auch nach den Schattenseiten zu fragen.

Irgendwann taucht natürlich auch die Frage auf, wie wichtig das Geld und die Verdienstmöglichkeiten bei der Berufswahl sind. Viele Menschen denken wenig darüber nach, ob und wie sich mit einem ausgeübten Beruf hinreichend Geld verdienen lässt und sind später enttäuscht und frustriert über ihren geringen finanziellen Spielraum. Solche Enttäuschungen kann man durch grundsätzlichere Überlegungen bei der Berufswahl vermeiden. Wir leben in Deutschland in einer marktwirtschaftlich organsierten Gesellschaft. Der Preis einer Leistung wird durch den Markt bestimmt und durch das Prinzip von Angebot und Nachfrage. Wenn ein Mensch also möglichst viel Geld verdienen möchte mit dem ausgeübten Beruf, dann führt kein Weg daran vorbei, auch in diese Richtung nachzudenken.

Machen Sie bitte nicht den Fehler, sich wegen moralischer Skrupel nicht einzugestehen, dass Geld Ihnen wichtig ist. Eine solche Einstellung ist nicht verwerflich. Insbesondere vor dem Hintergrund, dass Geld verbriefte Freiheit ist, kann hinter einem solchen Wunsch auch ein stark ausgeprägtes Freiheitsstreben stecken, das überhaupt nicht verwerflich ist. Je genauer ein Mensch seine Motive und die grundsätzliche Zielrichtung seines Lebens kennt, desto besser kann er seine Berufswahl treffen und entscheiden, ob er für eine Zukunft als Unternehmer geeignet ist.

C. DAS GESCHÄFTSMODELL (SCHRITT 2)

Wenden wir uns zu Beginn der Frage zu, was überhaupt ein Geschäftsmodell ist. Eine kurze und prägnante Definition lautet wie folgt: „Ein Geschäftsmodell ist die Beschreibung der logischen Voraussetzungen und Zusammenhänge, wie ein Mehrwert oder Nutzen für Kunden geschaffen werden kann, mit dem eine Organisation (Unternehmen) am Markt einen Preis erzielen kann, der über der Summe der Herstellungs- oder Beschaffungskosten und der Vertriebskosten liegt." Das ist natürlich eine sehr abstrakte Beschreibung. Sie enthält jedoch sämtliche Elemente eines Geschäftsmodells. Erst wenn alle diese abstrakten Bestandteile eines Geschäftsmodells konkret beschrieben und berechnet sind, ist das Geschäftsmodell wirklich vollständig definiert.

Viele Menschen behaupten unreflektiert, dass sie schon längst erfolgreiche Unternehmer wären, wenn sie nur erst Mal das richtige Geschäftsmodell gefunden hätten. Angeblich seien sie schon seit Jahren sehr intensiv auf der Suche, hätten aber leider noch nicht das Richtige gefunden.

Wenn man dann nachfragt, wie genau sie denn die Suche organisiert und durchgeführt haben, dann schaut man in der Regel in ein erstauntes Gesicht und es kommen nach einigem Zögern wenig überzeugende Antworten wie: *„Ich sag doch schon seit Jahren zu meiner Frau, dass ich den Angestelltenjob satt habe!"* oder *„Ich schaue doch re-*

gelmäßig ‚Die Höhle des Löwen' von Carsten Maschmeyer!"
oder „Ich denke immer mal wieder darüber nach!"

Wenn man dann weiter fragt, welches konkrete Geschäftsmodell mit Zahlen bereits durchgerechnet worden sei, wird das Erstaunen noch größer und es kommen Antworten wie „Ich konnte doch noch nichts berechnen. Ich hatte ja noch kein Geschäftsmodell gefunden!" Ich denke, dass Sie verstehen, worauf ich mit diesen realen Zitaten hinauswill. Es reicht nicht, sich und anderen einzureden, dass man Unternehmer werden möchte. Man muss konkrete Schritte einleiten und etwas tun. Dazu reicht es natürlich nicht aus, eine Sendung im Fernsehen anzuschauen, um dort irgendetwas aufzuschnappen, was dann eventuell kopiert werden kann. Wer so vorgeht, liefert damit den Beleg ab, dass er eigentlich keinen hinreichend stark ausgeprägten Willen hat, um wirklich erfolgreicher Unternehmer zu werden.

Fragen Sie sich sehr kritisch selbst, ob Sie ernsthaft nach einem Geschäftsmodell suchen oder ob Sie stattdessen nur abstrakt träumen. Ein aussagekräftiges Indiz in diesem Zusammenhang ist Ihr Fokus. Ist dieser darauf gerichtet, abstrakte Ideen möglichst schnell ad Acta zu legen, um diese bloß nicht detailliert durchrechnen zu müssen, indiziert das, dass Sie nicht ernsthaft suchen, sondern sich nur einreden, dass Sie theoretisch erfolgreicher Unternehmer sein könnten. Verräterisch sind dabei Sätze wie „Geht nicht und funktioniert nicht, weil...", wenn hinter dem „weil" nur noch abstrakte Begründungen und Erklärungen ohne irgendwelche Berechnungen folgen. Wenn

Sie schablonenhaft stets so argumentieren, dann indiziert das, dass Sie sich selbst beweisen wollen, dass Sie jedenfalls keine Schuld daran trifft, dass Sie noch kein erfolgreicher Unternehmer sind. Eine solche Rechtfertigung bringt Ihnen jedoch rein gar nichts. Seien Sie ehrlich zu sich selbst. Sonst verschwenden Sie nur Ihre Zeit und Kraft, ohne einen einzigen Schritt weiterzukommen.

Wie aber sollte man vorgehen, um **ernsthaft** ein geeignetes Geschäftsmodell zu entwickeln? Zunächst einmal ist es erforderlich, sich darüber klar zu werden, wo die eigenen Stärken und Schwächen liegen. Davon hängt ab, welche Art von Geschäft überhaupt zum eigenen Naturell passt. Daraus lassen sich mitunter bereits grobe Schlussfolgerungen ableiten, ob das Geschäftsmodell mit Dienstleistungen oder mit Handel oder mit Produktion zu tun haben sollte. Wenn Sie z.B. ein introvertierter Typ sind und nicht gerne kommunizieren, dann wäre sicherlich eine Tätigkeit als Unternehmensberater oder Showmoderator ungeeignet für Sie. Die Eröffnung eines Restaurants oder einer Kneipe als Geschäftsmodell wäre dann ebenfalls bedenklich, weil der Erfolg von Gastwirtschaften auch sehr von der Persönlichkeit des Gastwirtes abhängig ist. Gäste erwarten ein extrovertiertes Naturell und ausgeprägte kommunikative Fähigkeiten von einem Gastwirt. Wenn Sie diese Fähigkeiten nicht haben, dann werden Sie mit an Sicherheit grenzender Wahrscheinlichkeit kein erfolgreicher Gastronom, dessen Kneipe zu einem angesagten Treffpunkt mit zahlreichen Gästen wird.

Sind Sie hingegen ein begabter Kommunikator, der gerne im Mittelpunkt steht und wie von selbst Aufmerksamkeit auf sich zieht und spielend leicht Kontakte knüpft und kommuniziert, dann könnte die Eröffnung einer Kneipe oder eines Restaurants genau das richtige für Sie sein. Selbst wenn Ihnen andere kaufmännische Qualitäten wie Präzision und Detailverliebtheit bei der Buchhaltung fehlen, können Sie trotzdem ein erfolgreicher Gastronom werden, wenn Sie sich für diese Aufgaben einen versierten Geschäftspartner oder Mitarbeiter suchen. Wie Sie sehen, sind Fragestellungen der Entwicklung eines tragfähigen Geschäftsmodells eng verknüpft mit Fragen der Teambildung. Wenn Sie geklärt haben, welche Stärken und Fähigkeiten insgesamt für ein Geschäftsmodell benötigt werden und Klarheit über Ihre eigenen Stärken und Schwächen gewonnen haben, dann können Sie daraus sehr gut ableiten, welche weiteren Fähigkeiten und Stärken Sie für Ihr Team benötigen.

Viele Menschen gehen den umgekehrten Weg und brüten mit ihren engsten Freunden darüber, was sie denn zusammen aufziehen könnten. Das ist nicht falsch, aber eigentlich gehört das Pferd andersherum aufgezäumt. Darüber sollten Sie sich im Klaren sein. Manchmal kann eine zu intensive Freundschaft auch verhindern, dass Menschen als Geschäftspartner erfolgreich zusammenarbeiten können. Denn ohne die notwendige persönliche Distanz können Meinungsverschiedenheiten über die strategische Aufstellung und den richtigen Weg ungewollt eine persönliche Schärfe gewinnen, die der Sache selbst abträglich ist. Eine zu große persönliche Nähe kann schließlich auch zu einer mangelhaften Ernsthaftigkeit bei der Entwicklung des Unternehmens führen. Es ist etwas völlig anderes, mit einem Freund ein Unternehmen aufzubauen als in den Urlaub zu fahren.

Erst wenn Sie zu diesen grundlegenden Fragen Antworten gefunden und Ihr persönliches Stärken-Schwächen-Profil definiert haben, kann die Suche nach einem konkreten Geschäftsmodell beginnen. Es ist ratsam, die Suche systematisch zu gestalten und nicht planlos. Dabei können Sie sich auf Forschungsergebnisse von Wirtschaftswissenschaftlern der renommierten Universität St. Gallen in der Schweiz stützen. Möglichweise haben Sie schon von dem sogenannten „St. Gallen Business Model Navigator" gehört. In diesem Forschungsprojekt wurden insgesamt 55 Muster identifiziert, die typischerweise in erfolgreichen Geschäftsmodellen auftauchen. Diese Erkenntnisse kann man sehr gut verwenden, um die Entwicklung eines Geschäftsmodells systematisch zu gestalten, in dem man prüft, welche der 55 erfolgreichen Muster es enthält und welche man noch hinzufügen kann.

Nehmen wir ein Beispiel für eines dieser 55 Muster für erfolgreiche Geschäftsmodelle: Die Firma Gillette hat im Jahr 1904 die Halterung für Rasierklingen mit einer einzigen Klinge zu einem sehr günstigen Preis verkauft, um erst später mit dem Verkauf von Ersatzrasierklingen Geld zu verdienen. Dieses Muster funktioniert bis heute erfolgreich und ist millionenfach von anderen Unternehmen für verschiedenste Produkte (z.B. Nespresso Kapsel - Kaffeemaschinen oder Tintenstrahldrucker) adaptiert worden.

Auch wenn Sie nicht beabsichtigen, Rasierklingen, Kaffeekapseln oder Druckertinte zu verkaufen, so kann Ihnen dieses erfolgreiche Grundmuster gleichwohl helfen, ein gutes Geschäftsmodell zu entwickeln oder ein bestehendes Geschäftsmodell zu optimieren. Das gleiche gilt für die weiteren 54 Muster. In der nachfolgenden Tabelle habe ich Ihnen 10 der häufigsten dieser Muster übersichtlich dargestellt.[6]

---

[6] Weiterführende Informationen dazu und eine vollständige Liste sämtlicher Muster finden Sie unter dem folgenden Kurzlink im Internet zum kostenlosen Download: https://goo.gl/bQAajL

Muster	Unternehmen mit diesem Muster	Beschreibung
Affiliation	Amazon	Nutzung der Kundenfrequenz anderer Marktteilnehmer (insbesondere der Betreiber von Online-Medien) auf Basis eines erfolgsorientierten Vergütungsmodells (Provision für jeden so generierten Verkauf)
Cross Selling	Tchibo, Aldi, IKEA	Ergänzung der Angebotspalette um nicht zum Kernbereich gehörende Produkte zur Ausnutzung des vorhandenen Kundenverkehrs zur Generierung weiterer Erträge
Customer Loyalty	Lufthansa, American Airlines, Payback	Belohnung von Umsatz mit einem Bonussystem, um den Kunden langfristig zu binden
Direct Selling	Nestlé Nespresso, Vorwerk, Teufel	Aufbau eines eigenen Online-Vertriebs über das Internet unter Verzicht auf teure externe Vertriebskanäle

Experience Selling	Tchibo, IKEA, Nestlé Nespresso	Steigerung der Kundenfrequenz und Ertragsbasis durch Ausgestaltung des Kaufs als Erlebnis (z.B. Food Bereich und Kinderbetreuung bei IKEA)
Flatrate	McFit, Fitness First, Amazon Prime, Netflix	Kunde profitiert von einer übersichtlichen Kostenstruktur für unbegrenzte Nutzung und das Unternehmen profitiert von planbaren laufenden Erträgen
Franchising	McDonald's, Fressnapf, Mariott Hotel, McFit	Franchisenehmer profitiert von etablierter Marke und etablierter Organisationsstruktur mit hohem Wiedererkennungswert für Kunden
Freemium	Hotmail, Dropbox, Skype, Runtastic	Die Basisversion eines Produktes ist kostenfrei und erst eine Premiumversion generiert Erträge
Ingredient Branding	Intel, Carl Zeiss, Shimano, Bosch	Aufwertung eines Produktes durch ausdrücklichen Hinweis auf verbaute Komponenten von

		Premiumzulieferern
Orchestrator	Nike, Procter & Gamble	Konzentration auf das entscheidende Glied der Wertschöpfungskette und Outsourcing aller anderen Glieder

Darüber hinaus haben die Wissenschaftler der Universität St. Gallen herausgefunden, dass etwa 90% aller erfolgreichen Geschäftsmodelle aus einer Kombination bekannter Muster aus der Vergangenheit zusammengefügt sind. Das bedeutet, dass viele erfolgreiche Unternehmer das Rad nicht neu erfunden haben, sondern bestehende und bekannte Elemente lediglich neu kombiniert haben. Diese Erkenntnisse mögen Ihnen zunächst abstrakt und wenig praxisorientiert erscheinen. Tatsächlich stellen sie jedoch eine hervorragende Grundlage für zielführende Überlegungen dar. Die Universität St. Gallen gehört zu den renommiertesten Bildungseinrichtungen in Europa für Executive MBA-Programme und hat sich praxisorientierte Forschungsansätze auf die Fahnen geschrieben. Ich rate Ihnen daher dazu, diese reichhaltige Fundgrube für Denkansätze und eine systematische Kanalisierung Ihrer Überlegungen nicht zu ignorieren.[7]

Viele Existenzgründer machen den Fehler, ein möglichst exotisches Produkt zu wählen, um wie ein seltener Paradiesvogel zu erscheinen und so den Markt zu erobern. Das ist jedoch in der Regel keine gute Strategie. Denn für exotische Nischenprodukte gibt es häufig nur einen sehr kleinen Markt, der wenig Umsatz verspricht. Nehmen wir zum Beispiel die Geschäftsidee, einen Kletterpark zu betreiben. Klingt erst mal schön exotisch und erfolgversprechend. Aber fragen Sie sich mal ehrlich, wie oft Sie einen Kletterpark besuchen? Bestenfalls einmal pro Jahr. Und wie oft essen Sie Hähnchen mit Pommes Frites pro Jahr? Definitiv werden Sie das viel häufiger tun. Daher wäre die Geschäftsidee, vor einem Supermarkt mit hohen Besucherzahlen und viel Laufkundschaft eine Hähnchen- und Pommes Frites – Bude zu betreiben, viel erfolgversprechender. So langweilig diese Geschäftsidee auch sein mag. Sie dürfte deutlich größere Aussichten auf kommerziellen Erfolg haben als die Eröffnung eines Kletterparks. Erliegen Sie also bitte nicht der Versuchung, sich mit Ihrem Geschäftsmodell zu einem seltenen Paradiesvogel hochzustilisieren, ohne eine kritische Analyse des Marktes und der möglichen Nachfrage nach dem Produkt zu machen.

---

[7] Weiterführende Informationen dazu und eine vollständige Liste sämtlicher Muster finden Sie unter dem folgenden Kurzlink im Internet zum kostenlosen Download:
https://goo.gl/bQAajL

Interessant ist schließlich die Erkenntnis, dass zunächst erfolgreiche Unternehmer mit einem funktionierenden Geschäftsmodell auf lange Sicht deshalb scheitern können, weil sie ihr Geschäftsmodell nicht mehr hinterfragen und weiterentwickeln, um auf geänderte Rahmenbedingungen zu reagieren. Prominente Beispiele sind die Unternehmen Agfa und Schlecker. Betrachten Sie die Entwicklung eines Geschäftsmodells daher bitte nicht als einmaligen Vorgang bei der Existenzgründung. Tatsächlich ist es ein laufender Entwicklungsprozess, der dem Wachstum eines Waldes vergleichbar ist. Dieses Bild trifft es sehr gut. Ein Wald, der nicht gepflegt wird, kann verwildern oder Schädlingen zum Opfer fallen. Genauso verhält es sich mit einem Geschäftsmodell, wenn der Unternehmer es nicht weiterentwickelt. An dieser Stelle erinnere ich noch einmal an die oben dargestellte Philosophie von Jeff Bezos. Wie erwähnt, rät er dazu, den Geist von „Tag 1" der Unternehmensgründung aufrecht zu erhalten und täglich an der Weiterentwicklung und Verbesserung des Unternehmens zu arbeiten. Der Erfolg gibt ihm Recht mit dieser Einschätzung. Außerdem ist die Richtigkeit dieser Erkenntnis durch Forschungen der Universität St. Gallen bestätigt worden.

I. KUNDENORIENTIERUNG

Viele Existenzgründer machen den Fehler, dass sie nicht ernsthaft genug über ihre Zielgruppe nachdenken. Mit Zielgruppe meine ich die künftigen Kunden, die Ihnen Waren oder Dienstleistungen abkaufen sollen. Wenn ich durch die Stadt laufe, dann entdecke ich immer wieder Ladenlokale mit denselben „Totgeburten" von Geschäftsmodellen. Menschen richten ein kleines Ladenlokal ein und statten dieses mit überbordender Dekoration aus, die originell wirken soll (z.B. alte Plattenspieler und Rechenmaschinen oder Spielzeug aus ihren Kindertagen). Diese Leute haben offensichtlich nicht genug über ihre Zielgruppe nachgedacht und stattdessen das Kinderzimmer in ein Ladenlokal umgezogen. Nur weil sie selbst die Deko und die Atmosphäre cool und innovativ finden, wird noch lange kein Kunde ihre Waren kaufen. Diese Leute sollten lieber die entscheidende Baustelle in den Blick nehmen: Was wollen meine künftigen Kunden haben und welchen Preis sind sie bereit, dafür zu zahlen? Mit anderen Worten: Welchen Mehrwert bzw. welchen Nutzen hat mein Produkt oder meine Dienstleistung für den Kunden?

Auf lange Sicht sind nur solche Unternehmer erfolgreich, die die Bedürfnisse der Kunden verstanden haben und alles dafür tun, um die Kunden zufrieden zu stellen. Das hat Jeff Bezos mit seinem Unternehmen Amazon bewiesen. Ich hatte es oben bereits erwähnt, dass das Credo von Bezos ist, dass er die zufriedensten Kunden der Welt haben möchte. An dieser Vision hat er seit 1994 gnadenlos konsequent und beharrlich gearbeitet. Das Ergebnis ist ein

Unternehmen mit einem geschätzten Wert von mehr als 1.000 Milliarden US-$ und mehr als 500.000 Angestellten. Bezos ist in 2017 an Bill Gates vorbeigezogen und zum reichsten Menschen der Erde aufgestiegen.

Entscheidend für eine erfolgreiche Existenzgründung ist, dass Sie zu den folgenden Fragen fokussierte und zielgerichtete Überlegungen anstellen **und** Berechnungen durchführen:

1. Welches Produkt bzw. welche Dienstleistung oder welche Kombination aus Produkt und Dienstleistung möchte ich verkaufen?
2. Wer ist meine Zielgruppe?
3. Welchen Mehrwert hat das Produkt bzw. die Dienstleistung für die Zielgruppe?
4. Welcher Preis ist für das Produkt/die Dienstleistung angemessen?
5. Wie findet mein Produkt bzw. meine Dienstleistung den Weg zum Kunden?
6. Wie ist die Konkurrenzsituation und wie groß sind die Chancen, mit einem neuen Markteintritt in einem bestimmten Segment gegen die vorhandene Konkurrenz zu bestehen?
7. Mit welchen Kosten ist für den Einkauf der Produkte oder Dienstleistungen zu kalkulieren?
8. Ganz entscheidend: Wie viel meiner Zeit muss ich einsetzen, um das Geschäftsmodell tatsächlich umzusetzen und mit wie viel Zeitaufwand ist langfristig für den laufenden Betrieb zu rechnen?

9. Kann ich das Geschäftsmodell alleine umsetzen oder brauche ich Geschäftspartner und/oder angestellte Mitarbeiter?

10. Wie wähle ich Geschäftspartner und angestellte Mitarbeiter richtig aus?

Wenn Sie nun diese Liste von Fragen auf sich wirken lassen, dann dürfte Ihnen sofort klar werden, dass es überhaupt nicht ausreichend ist, im Fernsehen die Sendung „Die Höhle der Löwen" anzuschauen. Die eigentliche Arbeit besteht vielmehr in der konkreten Prüfung und Berechnung einer Idee für ein Geschäftsmodell. Und das ist jede Menge Arbeit, die gute Organisation und einen ökonomisch intelligenten Umgang mit Ihrer wertvollsten Ressource erfordert: Zeit!

Gehen wir nun diese Fragen für ein konkretes **Beispiel** eines Geschäftsmodells durch:

Stellen Sie sich vor, dass Sie sich mit einem mobilen Imbisswagen selbständig machen wollen. Sie müssen zunächst Überlegungen dazu anstellen, welche Produkte Sie verkaufen wollen. Das könnten z.B. Pommes Frites, Bratwürstchen oder Brathähnchen sein. Denkbar wären auch Crepes, Croissants, Waffeln, Kuchen und Kaffee oder asiatische Speisen mit Reis als Beilage.

Als Zielgruppe käme für Sie Laufkundschaft in Frage, die z.B. einen Einkaufsbummel in der Stadt oder auf einem Markt macht. Alternativ wäre an einen

Standort zu denken, an dem täglich viele Berufspendler vorbeikommen (z.B. Bahnhofsvorplatz). Darüber hinaus kommen auch Fahrradfahrer oder Wanderer als Zielgruppe in Frage, die in einem Touristengebiet oder in einem Naherholungsgebiet unterwegs sind und an bestimmten Stellen zu bestimmten Zeiten vorbeikommen. Das wären wichtige Informationen für die Frage, wann Sie wo mit Ihrem Imbisswagen präsent sein sollten und welches Umsatzpotential als realistisch anzunehmen wäre.

Für die Kalkulation, welcher Preis angemessen ist, wäre ein Blick auf die Preise anderer Anbieter zu werfen und schließlich auf Ihre eigenen Kosten. Die Kosten bestehen dabei für Sie selbstredend nicht nur aus den blanken Einkaufspreisen der Waren. Hinzuzurechnen sind die Anschaffungskosten oder Leasingraten für den Imbisswagen sowie Kosten für Benzin und die laufende Instandhaltung. Last but not least müssen Sie auch an Standgebühren auf Märkten und Kosten für behördliche Sondernutzungserlaubnisse denken. Denn in Deutschland dürfen Sie sich mit einem Verkaufswagen nicht einfach irgendwohin stellen, wo gerade Platz ist und wo es Ihnen passt. Sie benötigen für eine derartige Nutzung öffentlicher Flächen eine kostenpflichtige Sondernutzungserlaubnis von der lokalen Ordnungsbehörde. Ob Sie eine solche überhaupt erhalten, hängt auch davon ab, wie viele andere Anbieter es bereits gibt und nach welchen Kriterien die Ordnungsbehörde nicht ausreichende Kapazitäten an einige ausgewählte Bewerber vergibt. All diese Fragen müssen

Sie selbstverständlich **vor** der Anschaffung des Imbisswagens klären und in konkrete Berechnungen überführen.

Schließlich müssen Sie kalkulieren, wie viel Zeit die Umsetzung der Geschäftsidee für Sie selbst im laufenden Betrieb beansprucht. Es ist klar, dass der Anschub des Ganzen für den Realisierungszeitraum Ihre ganze Kraft und Zeit und vielleicht noch etwas mehr beanspruchen wird. Entscheidend ist jedoch, dass die zeitliche Belastung für Sie im regulären Betrieb auch langfristig erträglich ist. Sonst würden Sie in eine selbst konstruierte „Burn-out-Falle" hineinlaufen.

Vergessen Sie nie, dass Ihre wertvollste und nicht vermehrbare Ressource Zeit ist. In diesem Zusammenhang stellt sich dann für Sie ganz konkret die Frage, ob es realistisch ist, ein Geschäftsmodell alleine umzusetzen oder ob Sie einen oder mehrere Geschäftspartner oder angestellte Mitarbeiter benötigen. Dabei sollte Ihnen bewusst sein, dass Geschäftspartner etwas ganz anderes sind als angestellte Mitarbeiter. Einen Mitarbeiter können Sie austauschen, wenn Sie mit der Leistung nicht zufrieden sind. Bei einem Geschäftspartner ist das nur sehr schwer möglich. Sie müssen daher einen Geschäftspartner sehr viel sorgfältiger auswählen als einen Mitarbeiter. Ein schlecht ausgewählter Geschäftspartner kann eine an sich gute Geschäftsidee kaputt machen und darüber hinaus zu viel Frust und Enttäuschung führen. Bedenken Sie, dass Sie es sich als selbständiger Unternehmer nicht leisten können, dass ein destruktiver Geschäftspartner Sie in kräftezehrende Konflikte zwingt. Verschwendete Kraft und Zeit stehen Ihnen nicht mehr zur Verfügung, um den Erfolg Ihres Unternehmens voranzutreiben. Überlegen Sie daher sehr genau, wen Sie zum Geschäftspartner machen. Es ist etwas ganz anderes, mit einem Freund oder Bekannten in den Urlaub zu fahren oder als Unternehmer in den Krieg zu ziehen. Das ist eine gute Überleitung zum nächsten Thema.

Wenn Sie Ihre Tätigkeit als selbständiger Unternehmer noch nicht lange ausüben oder noch in der Existenzgründungsphase sind, dann wird es für Sie in aller Regel nicht sinnvoll sein, Mitarbeiter auf Vollzeitbasis einzustellen. Allenfalls könnten Sie über die geringfügige Beschäftigung auf der Basis eines 450 € - Jobs nachdenken. Ein solches geringfügiges Beschäftigungsverhältnis ist für den Arbeitnehmer sozialversicherungsfrei. Bitte bedenken Sie, dass Sie bei geringfügiger Beschäftigung als Arbeitgeber den vollen Satz der Lohnnebenkosten zahlen müssen und nicht nur die Hälfte. Die Beitragssätze liegen derzeit bei ca. 13 % für die gesetzliche Krankenversicherung (§ 249b Satz 1 SGB V) und bei 15 % für die gesetzliche Rentenversicherung (§ 172 Abs. 3 SGB VI). Wie Sie sehen, wird es unter dem Strich also deutlich teurer als € 450 pro Monat. Als Alternative zur Festanstellung ist auch die Heranziehung freier Mitarbeiter auf Provisionsbasis vorstellbar. Das ist beispielsweise in der Immobilienmaklerbranche durchaus verbreitet.

Bevor Sie über die Anstellung von Mitarbeitern nachdenken, sollten Sie (unabhängig von den damit verbundenen Kosten) Klarheit gewonnen haben über die Organisation Ihres Unternehmens und über die genauen Aufgaben und Tätigkeiten, die Ihre Mitarbeiter für Sie erledigen sollen. Wenn Sie selbst noch nicht wissen, welche Tätigkeiten Sie entfalten müssen oder sollen, dann werden Ihnen Mitarbeiter dabei auch nicht weiterhelfen. Sie sollten daher zunächst gründliche Überlegungen darüber anstellen, wie Sie Ihre eigene Arbeitskraft am sinnvollsten und am effizientesten einsetzen können, bevor Sie über die Anstellung von Mitarbeitern nachdenken.

In einem weiteren Gedankenschritt können Sie darüber nachdenken, welche Aufgaben Sie an Mitarbeiter delegieren können und sollen. Dabei kann es hilfreich sein, zwischen regelmäßig wiederkehrenden Tätigkeiten und zwischen einmalig oder nur hin- und wieder anfallenden Tätigkeiten zu differenzieren. Darüber hinaus ist zwischen Tätigkeiten mit Außenwirkung und rein internen Tätigkeiten zu unterscheiden. Die Tätigkeiten mit Außenwirkung sollten Sie lieber selbst in die Hand nehmen, weil die Repräsentation eines Unternehmens Chefsache ist. Die Buchhaltung hingegen als rein interne Tätigkeit würde sich für eine Delegation auf einen Mitarbeiter eignen.

Keinesfalls hingegen können Sie in der Start-up-Phase das für Ihren Erfolg wichtige Networking zur Akquisition von Kunden auf Mitarbeiter delegieren. In diesem Zusammenhang ist auch erforderlich, dass Sie Ihr Freizeitverhalten und Ihre Freizeitplanung in die Überlegungen mit einbeziehen. Dabei werden Sie feststellen, dass es mehr Überschneidungen mit Ihrer beruflichen Sphäre gibt als Sie zunächst gedacht haben. Zum Beispiel hat Ihre Mitgliedschaft im örtlichen Tennisclub oder Reiterverein über den Erholungs- und Freizeitwert hinaus auch eine Bedeutung als mögliches Feld für die Gewinnung von Kunden.

II. MARKTANALYSE UND STANDORTWAHL

Eine sehr wichtige Weichenstellung für Ihren Erfolg als Unternehmer ist die Festlegung, auf welchen Markt Sie sich konzentrieren wollen. Dabei spielen natürlich der erzielbare Umsatz in einem bestimmten Marktsegment, die Art der Waren und Dienstleistungen und die Konkurrenzsituation am konkreten Standort eine erhebliche Rolle.

Ich möchte Ihnen die erforderlichen Überlegungen am Beispiel einer Existenzgründung als Immobilienmakler demonstrieren: Es dürfte sofort einleuchten, dass der Umsatz an Immobilien in Städten wie Köln, Düsseldorf, Hamburg oder München ganz anders aussieht als in Städten wie Castrop-Rauxel, Meppen oder Jever. Vor Ihrer Entscheidung, in welchem Markt Sie tätig werden wollen und wie Sie das tun wollen, müssen Sie sich daher gründlich über den Markt informieren und eine Analyse des möglichen Standortes für Ihr Maklerbüro vornehmen.

Davon abgesehen, gibt es globale und überregionale Trends, die den Markt maßgeblich beeinflussen. Der Immobilienmarkt ist ständig im Fluss. Es gibt wirtschaftliche und politische Großwetterlagen, in denen der Immobilienmarkt starke Umsätze verzeichnet und es gibt Zeiten, in denen der Markt nahezu eingefroren ist. Das hängt natürlich auch mit staatlichen Subventionen sowie mit Renditechancen am Kapitalmarkt zusammen, die mit alternativen Investitionen erzielt werden können. All diese Rahmenbedingungen haben eine Auswirkung auf die Nachfrage und das Angebot am Immobilienmarkt und damit auch auf die Verdienstchancen von Immobilienmaklern. Bei wenig Aktivität am Immobilienmarkt gibt es für Immobilienmakler auch weniger Provisionen zu verdienen.

Seit ca. 2010 gibt es einen signifikanten Anstieg der Umsätze am Wohnimmobilienmarkt in Deutschland. Die Transaktionszahlen haben sich stark nach oben entwickelt. Allerdings ist der Immobilienumsatz in Deutschland regional sehr unterschiedlich verteilt: Der Immobilienumsatz ist in großstädtisch geprägten Regionen deutlich höher ist als in ländlich geprägten und dünn besiedelten Regionen. Das ist eine wichtige Information für Ihre Entscheidung, in welchem regionalen Markt Sie als Immobilienmakler tätig werden wollen. Die derzeitige Marktlage in Metropolen ist von einem starken Überhang der Nachfrage nach Immobilien über das tatsächliche Angebot geprägt. Das hängt stark mit der Finanz- und Währungskrise in Europa zusammen, die massive Angst vor Inflation oder gar vor dem Zusammenbruch der europäischen Gemeinschaftswährung geschürt hat. In dünn besiedelten Gebieten hingegen ist das Transaktionsvolumen am Immobilienmarkt kaum nach oben gegangen. Es stagniert dort vielmehr nahezu unverändert auf niedrigem Niveau.

Hinzu kommt der Umstand, dass die Zinsen für alternative Geldanlagen historisch niedrig sind und daher viele Anleger versuchen, durch Investitionen in Immobilien sowohl eine Absicherung in Form von Sachwerten als auch eine Aufbesserung der Rendite zu erzielen. Das Spiegelbild dieses Trends ist, dass die Eigentümer von Immobilien diese derzeit lieber selbst behalten als zu verkaufen. Diese gesamtwirtschaftliche Situation ist ein für Immobilienmakler außerordentlich schwieriges Umfeld.

Daher wäre es für Sie als Existenzgründer eines Immobilienmaklerbüros derzeit immens wichtig, bei der Akquise von Verkaufsaufträgen von Eigentümern zum Zuge zu kommen und sich gegen die zahlreich vertretene Konkurrenz durchzusetzen. Leichtes Spiel haben Makler hingegen derzeit bei der Suche nach Käufern, vorausgesetzt es handelt es um eine o.k. - Immobilie zu einem o.k. - Preis. Die oben beschriebenen Faktoren führen darüber hinaus dazu, dass viele Immobilien an den Markt getragen werden, die unter normalen Marktbedingungen unverkäuflich wären, weil sie zu viele Nachteile aufweisen. Die Vermarktung von solchen Objekten ist allerdings für einen Immobilienmakler undankbare Schwerstarbeit, die selten zu einem Verkaufsabschluss führt. Daher ist es für Sie wichtig, die Verkäufer von guten Immobilien für sich als Kunden zu gewinnen.

In kleineren und mittelgroßen Städten stellt sich die Situation zwar etwas weniger angespannt dar. Allerdings schwappen die oben beschriebenen Trends der Großstädte zunehmend auch auf solche Städte über, so dass auch hier die Konkurrenz-situation der Immobilienmakler um Objekte und verkaufswillige Immobilieneigentümer an Schärfe zunimmt.

Umso wichtiger ist es für den Erfolg Ihrer Existenzgründung mit einem Maklerbüro, dass Sie sich von anderen Immobilienmaklern abheben und versuchen, sich durch besondere Merkmale (z.B. hervorragende fachliche

Kompetenz) interessanter und attraktiver zu machen. Das gilt insbesondere in schwierigen und stark umkämpften Märkten in Metropolen.

III. Generalist oder Spezialist?

Für jede Existenzgründung stellt sich die Frage der Fokussierung auf eine Tätigkeit als Generalist oder Spezialist. Das gilt gleichermaßen für den Verkauf von Waren wie Dienstleistungen. Grundsätzlich hat eine Spezialisierung den Vorteil, dass der Unternehmer sich dadurch von der Masse konturloser „Gemischtwarenläden" abheben kann, die einfach das vermarkten, was gerade so reinkommt. Ich denke dabei z.B. an Internethändler, die nahezu wahllos gebrauchte Waren ankaufen und diese wieder verkaufen.

Für einen langfristigen und durchschlagenden Erfolg dürfte eine Spezialisierung viele Vorteile haben. Das gilt insbesondere für die Akquise von Kunden und für den Aufbau einer Reputation. Ich möchte das nachfolgend am Beispiel einer Existenzgründung mit einem Immobilienmaklerbüro demonstrieren und weiter erklären:

Die Spezialisierung auf bestimmte Immobilien und Marktsegmente hat erhebliche Auswirkungen auf die gesamte strategische Aufstellung des Immobilienmaklers. Das hängt auch damit zusammen, dass Verkäufer von Immobilien großen Wert darauf legen, einen sehr guten Makler für die Vermarktung ihrer Immobilie zu finden. Dabei wäre ein Immobilienmakler, der wahllos alles vermarktet, was gerade reinkommt (Garagen, KfZ-Stellplätze, Scheunen, Eigentumswohnungen, Einfamilienhäuser, Mehrfamilienhäuser, Villen, unbebaute Grundstücke, Lagerräume etc) wohl kaum die erste Wahl für einen Verkäufer. Ein Verkäufer würde vielmehr nach einem Makler Ausschau halten, der möglichst spezialisiert ist auf die Vermarktung seines konkreten Immobilientyps.

Ein guter Ausgangspunkt für die weiteren Überlegungen ist daher eine Betrachtung, welche verschiedenen Immobilientypen am Markt umgeschlagen werden und welche Besonderheiten es bei der Fokussierung gibt. Wenn Sie z. B. über eine Spezialisierung auf die Vermittlung von Einfamilienhäusern und Doppelhaushälften nachdenken, dann sollten Sie sich zunächst vor Augen führen, welche verschiedenen Typen Häuser es gibt. Es gibt freistehende Einfamilienhäuser, Doppelhaushälften und Reihenhäuser. Bei den freistehenden Einfamilienhäusern wird ab einer gewissen Größe auch von einer Villa gesprochen. Es liegt auf der Hand, dass freistehende Einfamilienhäuser in aller Regel teurer und hochwertiger sind als Doppelhaushälften oder Reihenhäuser. Das hängt auch damit zusammen, dass diese Immobilien in der Regel auf einem größeren Grundstück gebaut sind und daher über großzügigere Garten- und Grundstücksflächen verfügen.

Man könnte auf die Idee kommen, dass es natürlich am lukrativsten ist, sich auf die Vermittlung von Villen und freistehende Einfamilienhäuser zu spezialisieren, weil dieser Immobilientyp die höchsten Preise am Markt erzielt und damit die höchsten Provisionen in absoluten Eurobeträgen. Allerdings wäre bei einer solchen Schlussfolgerung noch nicht berücksichtigt, wie die Verteilung des Umsatzes von Immobilien in einem lokalen oder regionalen Immobilienmarkt auf bestimmte Immobilientypen aussieht. In großstädtischen Ballungsräumen z.B. kann sich kein normaler Mensch ein freistehendes Einfamilienhaus oder eine Villa leisten, so dass in solchen Teilmärkten der überwältigende Anteil des Immobilienumsatzes aus Eigentumswohnungen besteht. Durch eine Spezialisierung auf Villen und freistehende Einfamilienhäuser würden Sie sich daher in einem solchen Teilmarkt auf ein sehr kleines und extrem hochpreisiges Segment des Gesamtmarktes mit hohen Eintrittshürden beschränken.

Wenn Sie hingegen in einer eher dünn besiedelten Region als Immobilienmakler tätig sind, so spricht vieles dafür, dass die Fokussierung auf freistehende Einfamilienhäuser eine gute Strategie ist, weil hier der prozentuale Anteil am Gesamtimmobilienumsatz sehr viel größer sein dürfte als in großstädtisch geprägten Ballungsräumen.

Schließlich stellt sich die Frage, welche Besonderheiten bei der Akquise von Einfamilienhäusern für den Vermittlungsbestand zu beachten sind. Das hat insbesondere Auswirkungen auf die Entwicklung einer Strategie zur Akquise von Kunden. Eine Besonderheit von Einfamilienhäusern besteht darin, dass sie häufiger als andere Immobilientypen für die Eigennutzung von Familien erworben werden und seltener als Renditeobjekt zur Vermietung. Zu dieser Beobachtung passt, dass der Verkauf solcher Objekte häufig mit einer Veränderung der Lebensplanung und der Lebenssituation von Familien zusammenfällt. Scheidungsfälle oder Todesfälle sind häufig Anlass für den Verkauf eines Einfamilienhauses. Ebenfalls traurige Anlässe für den Verkauf solcher Immobilien sind wirtschaftliche Überforderung der Eigentümer infolge falscher Einschät-

zung der eigenen Finanzkraft oder infolge von Arbeitslosigkeit oder Krankheit. Aus diesen Erkenntnissen folgt,
dass z.B. Schuldnerberater und Rechtsanwälte für Fami-
lien- und Arbeitsrecht für einen Immobilienmakler wichtige Multiplikatoren sein können, um Kontakte zu ver-
kaufswilligen Eigentümern von Einfamilienhäusern herzustellen. Das sollten Sie bei der Networking – Strategie bedenken wenn Sie sich auf die Vermittlung dieses Immobilientyps spezialisieren wollen.

Werfen wir einen Blick auf ein anderes Marktsegment
und schauen, welche Überlegungen für eine Existenzgründung und Spezialisierung abgeleitet werden können: Ein
besonderes Geschäftsfeld stellt die Tätigkeit des Immobilienmaklers im Auftrag eines Bauträgers dar. Bauträger sind
Unternehmen, die Grundstücke kaufen und darauf Immobilien errichten, die bereits vor der Fertigstellung der Bau-
werke verkauft werden. Bei Lichte betrachtet verkauft der
Bauträger sowohl ein Grundstück als auch noch zu erbrin-
gende Bauleistungen an den Käufer. Dabei strebt der Bauträger an, die zu errichtenden Gebäude (häufig Eigentumswohnungen) bereits in einem möglichst frühen Stadi-
um der Projektrealisierung zu verkaufen, um das Vermark-
tungsrisiko und die Bindung von Kapital möglichst gering
zu halten. Für Immobilienmakler ist der Auftrag eines Bauträgers zur Vermarktung der zu errichtenden Immobilien
eine besondere Chance, sich am Markt zu profilieren und
innerhalb kurzer Zeit ein relativ hohes Provisionseinkom-
men zu realisieren. Wenn es sich um ein prestigeträchtiges
und erfolgreiches Bauträgerprojekt handelt (z.B. Bau von
Luxuseigentumswohnungen in exponierter Lage einer

Großstadt), dann ist das natürlich auch eine Chance für einen Immobilienmakler, vom Glanz des Bauträgers etwas abzubekommen und sich am Markt zu profilieren.

Als Existenzgründer und Neueinsteiger in den Beruf des Immobilienmaklers werden Sie in der Regel nicht sofort bei der Vermarktung von sehr prestigeträchtigen Bauträgerprojekten tätig werden können. Dann sollten Sie sich zunächst auf kleinere Bauträgerprojekte konzentrieren und zielgerichtet versuchen, Kontakte zu den Entscheidungsträgern dieser Bauträger aufzubauen.

Abschließend möchte ich zur Abrundung die Spezialisierung auf die Vermittlung von Eigentumswohnungen beleuchten: Wenn Sie erfolgreich Eigentumswohnungen vermakeln wollen, ist es erforderlich, das zugrunde liegende rechtliche Konzept der Eigentumswohnung zu verstehen. Das versetzt Sie in den Stand, die Besonderheiten zu erfassen, die bei Eigentumswohnungen relevant sind für die Kaufvertragsparteien und darauf Ihre Fokussierung und Spezialisierung auszurichten. Denn ohne eine solche Sachkenntnis werden Sie gezielte Nachfragen von potentiellen Käufern nicht einordnen können und auch an der Akquisitionsfront gegenüber den Verkäufern eine schlechte Figur machen.

Also machen wir an dieser Stelle einen kurzen Ausflug in das Wohnungseigentumsrecht, um anschließend aus den Erkenntnissen Schlussfolgerungen für die Spezialisierungsstrategie abzuleiten: Eine Eigentumswohnung ist eine besondere Form der Wohnimmobilie. Sie stellt das Sondereigentum an bestimmten Räumen eines Gebäudes dar, welches mit dem Gemeinschaftseigentum am Grundstück und am restlichen Gebäude nach Bruchteilen verbunden ist.

Das Bürgerliche Gesetzbuch (BGB) weist eigentlich alle auf einem Grundstück errichteten Gebäude als wesentliche Bestandteile des Grundstücks dem Eigentümer bzw. den Eigentümern dieses Grundstücks nach ideellen Bruchteilen zu, so dass nach der Konzeption des Gesetzes an Gebäudeteilen eigentlich kein selbständiges Eigentum bestehen kann. Diese Regelung erwies sich jedoch als zu unflexibel, da insbesondere nach dem zweiten Weltkrieg der massive Wohnraumbedarf die Notwendigkeit nach sich zog, die finanziellen Kräfte für den Wohnungsbau zu bündeln. Dazu war es erforderlich, denjenigen einen realen Gegenwert zu bieten, die mangels ausreichender finanzieller Mittel kein ganzes Haus allein errichten konnten und daher mit anderen Menschen Geld zusammengelegt haben, um gemeinsam ein Haus zu errichten. Das Sondereigentum an einer Wohnung stellt diesen realen Gegenwert für den finanziellen Beitrag zum Bau bzw. Erwerb eines Hauses durch mehrere Parteien dar.

Diese Konzeption hat ihre Ausprägung im Wohnungseigentumsgesetz (WEG) gefunden. Die Regelungen des WEG haben sich bis heute bewährt und ermöglichen insbesondere in Ballungszentren und hochpreisigen innerstädtischen Lagen auch heute noch durchschnittlich betuchten Menschen eine erschwingliche Form des Wohnimmobilieneigentums.

Soweit nur die Eigentumswohnung selbst betroffen ist, kann der Inhaber der Eigentumswohnung schalten und walten wie er will, ohne sich mit den anderen Eigentümern abstimmen zu müssen. Das betrifft z.B. die Ausstattung des Badezimmers, die Wahl der Tapeten und Bodenbeläge und dergleichen mehr. Wenn hingegen das Gemeinschaftseigentum (Außenwände, Fassaden, Treppenhaus, Dach, Zentralheizung etc.) betroffen ist, so liegt die Zuständigkeit für Entscheidungen bei der Eigentümergemeinschaft. Die Eigentümergemeinschaft ist das „Parlament" der Wohnungseigentümer. Sie tagt mindestens einmal jährlich, wofür sich der Begriff Wohnungseigentümerversammlung eingeschliffen hat. Dort werden die wichtigsten Weichenstellungen für das Gemeinschaftseigentum in Form von Beschlüssen der Eigentümer vorgenommen.

Die Entscheidungen der Wohnungseigentümerversammlung werden von einem Verwalter ausgeführt, der auch die gesamte Verwaltung der Immobilie leistet. Zu seinen Aufgaben gehören u. a. die Aufteilung der Betriebskosten und die Einziehung der Kostenbeiträge der Wohnungseigentümer für Verwaltung und Instandhaltung des Gemeinschaftseigentums (= Hausgeld). Die grundlegenden Vereinbarungen über Rechte und Pflichten in der Eigentümergemeinschaft werden in der Gemeinschaftsordnung festgeschrieben. Dazu gehören etwa die Art der erlaubten Nutzung der Eigentumswohnungen (rein private Nutzung oder auch gewerbliche Nutzung) und die grundsätzliche Regelung der Beitragspflichten der Mitglieder der Eigentümergemeinschaft zur Unterhaltung des Gemeinschaftseigentums. Häufig sind die Gemeinschaftsordnung und die

Teilungserklärung in einer Urkunde zu einem Text zusammengefasst. Die Gemeinschaftsordnung kann nur durch die gesamte Eigentümergemeinschaft geändert werden, d. h. dass sich alle Eigentümer einig sein müssen.

Es ist daher für den Erwerber einer Eigentumswohnung ratsam, die Gemeinschaftsordnung vor dem Entschluss über den Kauf einer Eigentumswohnung gründlich zu lesen, um insoweit Klarheit darüber zu haben, welche Abweichungen von den gesetzlichen Regelungen vereinbart worden sind.

Da Eigentumswohnungen in aller Regel von einem Verwalter bewirtschaftet werden, kann es für einen Immobilienmakler lohnend sein, gute Kontakte zu Hausverwalterfirmen aufzubauen. Denn verkaufswillige Eigentümer einer Eigentumswohnung wenden sich häufig an den Verwalter, um Empfehlungen oder Hilfestellung zu erhalten beim Verkauf der Wohnung. Eine Empfehlung durch Hausverwalter führt daher häufig zur erfolgreichen Akquise eines Vermittlungsauftrages für den Immobilienmakler. Diese Strategie funktioniert natürlich dann nicht wenn der Hausverwalter selbst auch als Immobilienmakler tätig ist. Das wird dann allerdings in der Regel auf der Internetseite der Hausverwaltungsfirma im Tätigkeitsprofil dargestellt sein, so dass Sie daraus ableiten können, welche Hausverwaltungen Sie gar nicht zu kontaktieren brauchen.

Da Eigentumswohnungen signifikant häufiger von den Eigentümern als Renditeimmobilien zur Vermietung angeschafft und gehalten werden als Einfamilienhäuser, ist ein guter Ansatzpunkt für die Akquise die Identifizierung von

Anlaufstellen solcher Eigentümer, um Rat und Unterstützung bei der Vermietung zu erhalten. Es liegt nahe, dass solche Eigentümer bemüht sind, eine optimale Vermietung der Immobilie sicherzustellen. Serviceleistungen zur Unterstützung dieses Zieles werden z.B. von Haus- und Grundbesitzervereinen angeboten. Daher kann es sehr nutzbringend sein, wenn Sie z.B. bei solchen Vereinen Vorträge halten, wie Mieterhöhungsverlangen durchgesetzt werden können. Es bedarf keiner Erwähnung, dass diese Vorträge natürlich professionell und profunde sein müssen, um die Akquisition zu unterstützten und nicht zu stören. Wie Sie sehen, zieht sich das Thema der Fachkompetenz wie ein roter Faden durch die Entwicklungsgeschichte einer erfolgreichen Existenzgründung auf dem steinigen und beschwerlichen Weg zum Erfolg. Ich kann daher nur immer wieder betonen, dass Sie viel Zeit und Mühe darauf verwenden sollten, an Ihrer Fachkompetenz zu arbeiten und diese kontinuierlich weiterzuentwickeln. Mindestens genauso wichtig ist es jedoch, diese Kompetenz für die potentiellen und tatsächlichen Kunden sichtbar zu machen.

Nun stellt sich die Frage, wie Sie die Wertschöpfungskette verlängern und Ihre Strategie der Spezialisierung auf Eigentumswohnungen verfeinern können. Immobilienmakler vermitteln nicht nur Kaufverträge über Immobilien sondern auch Mietverträge. Wenn Sie sich mit der Frage konfrontieren, ob Sie Kaufverträge oder Mietverträge vermitteln wollen oder beides, dann wäre eine nahe liegende Antwort, möglichst beides zu vermitteln, um die Provisionsbasis zu vergrößern und möglichst breit aufgestellt zu sein. Allerdings kann hier eingewendet werden, dass das die Spezialisierungsstrategie verwässern könnte, weil der Eindruck genährt wird, als Immobilienmakler wahllos alles zu vermitteln, was Provisionen verspricht. Auf diese Frage muss man eine differenzierte Antwort geben. Es kommt darauf an, auf welche Art von Immobilien Sie sich spezialisieren wollen. Wenn Sie z.B. schwerpunktmäßig freistehende Einfamilienhäuser in einer ländlichen Region vermitteln wollen, dann wäre es geschickter, sich auf die Vermittlung des Verkaufes solcher Immobilien zu beschränken und nicht werbend am Markt auch die Vermietung solcher Objekte zu betreiben. Dies ist deshalb sinnvoll, weil in dünn besiedelten Gebieten die Quote der selbst nutzende Eigentümer deutlich höher ist als in großstädtisch geprägten Regionen. Darüber hinaus ist die bevorzugte Immobilienform in diesen Regionen wegen der niedrigen Preise für Grundstücke das freistehende Einfamilienhaus. Durch eine unmissverständlich formulierte und konsequent durchgehaltene Spezialisierung auf den Verkauf solcher Objekte unter Verzicht auf die Vermietung würden Sie folglich nur ein relativ kleines Marktsegment unbearbeitet lassen und ein gutes Stück Profilschärfe gewinnen. Daher spricht einiges dafür, bei einer solchen Konstellation auf die Vermittlung von Mietverträgen insgesamt zu verzichten.

Wenn Sie hingegen als Immobilienmakler in einem großstädtisch geprägten Marktumfeld tätig sind und vor diesem Hintergrund beschlossen haben, sich auf die Vermittlung von Eigentumswohnungen zu spezialisieren, so würde die Vermittlung von Mietverträgen neben der Vermittlung von Kaufverträgen Ihre Spezialisierung nicht beschädigen sondern sinnvoll ergänzen. Denn Eigentumswohnungen in großstädtisch geprägten Märkten werden viel häufiger zur Vermietung als Renditeobjekt angeschafft und gehalten als zur Eigennutzung. Folglich wäre die Vermittlung auch von Mietverträgen über Eigentumswohnungen sogar eine sinnvolle und konsequente Ergänzung Ihres Spezialgebietes, denn Erwerber von Eigentumswohnungen zur Vermietung als Renditeobjekt sind natürlich auch an der Vermittlung von Mietverträgen interessiert.

IV. MIT ODER OHNE GESCHÄFTSPARTNER UND/ODER ANGESTELLTE?

Wer als Unternehmer erfolgreich sein will, wird irgendwann feststellen, dass er dazu auch andere Menschen braucht. Auf lange Sicht ist der Aktionsradius eines einzelnen Menschen zu gering, um damit ein großes Rad zu drehen. Daher wird man zwangsläufig auf die Frage gestoßen, wie man die richtigen Menschen findet, um sie für die eigene Sache einzuspannen. Darüber hinaus stellt sich die Frage, **wie** man andere Menschen einbindet (z.B. als Geschäftspartner oder als angestellte Mitarbeiter).

Nach meiner festen Überzeugung ist eine grundlegende Voraussetzung für unternehmerischen Erfolg eine sehr gute Menschenkenntnis. Wer Menschen sicher einschätzen kann und schnell erkennt, wen er vor sich hat, ist klar im Vorteil. Wer diese Fähigkeit nicht hat, läuft Gefahr an die falschen Geschäftspartner und Mitarbeiter zu geraten. Menschenkenntnis kann man nicht im Supermarkt kaufen. Man eignet sie sich im Laufe des Lebens durch Erfahrung an und man vertraut auf seinen Instinkt. Es ist letztendlich eine Mischung aus beidem: Erfahrung und Instinkt.

Menschenkenntnis wird häufig wie eine Geheimwissenschaft zelebriert. Bei Lichte betrachtet ist es jedoch gar nicht so schwierig. Zunächst einmal müssen Sie die eigene Motivation genau kennen. Wenn Sie genau wissen, nach welchen Menschen Sie konkret suchen und was Sie von diesen erwarten, dann erhöht das die Chancen ungemein, die richtigen zu finden. Schließlich müssen Sie die Motivation der Menschen analysieren, die Sie in Ihr Team integrieren wollen. Das ist ein sehr wichtiger Punkt. Es wäre zum Beispiel ein fataler Fehler, einen Menschen als Geschäftspartner zu installieren, der von seiner charakterlichen Prägung und von seiner Motivationslage her besser als Mitarbeiter angestellt werden sollte. Das finden Sie dadurch heraus, dass Sie sehr kritisch prüfen, ob der potentielle Mitarbeiter oder Geschäftspartner das gleiche will, das Sie von ihm wollen.

Ein Geschäftspartner, der mit Ihnen zusammen ein Unternehmen aufbauen und leiten soll, muss eine absolut zuverlässige Person sein. Daher sollten Sie einen solchen Menschen schon länger kennen, um ihn richtig einschätzen zu können. Aussagekräftige Schlüsselfragen sind die folgenden: Wie geht jemand mit Misserfolgen um? Wie reagiert ein Mensch in einer Stresssituation? Lässt er sich dann hängen und jammert oder krempelt er die Ärmel hoch und hilft, den Karren aus dem Dreck zu ziehen und schnell wieder auf die Straße zu bringen? Oder vergisst er gar, bei der Problemlösung mitzuhelfen, weil er vollständig damit „ausgelastet" ist, sich eine Rechtfertigung zu basteln, dass ihn jedenfalls keine Schuld an der Misere trifft?

Schauen Sie sich auch an, wie ein potentieller Geschäftspartner mit anderen Menschen umgeht und was seine engsten Freunde über ihn berichten. Wenn jemand mit anderen Menschen unfair umgeht, dann wird er es eines Tages auch mit Ihnen tun. Es ist dann nur die Frage, **wann** er auch Sie unfair behandeln wird und nicht mehr,

ob er es tun wird. Warten Sie lieber etwas länger ab, als voreilig jemanden zum Geschäftspartner zu machen. Der Schaden ist in der Regel sehr groß, wenn Sie die falschen Menschen an Ihre Seite holen.

Auf lange Sicht entstehen stabile Geschäftsbeziehungen nur bei Win-Win-Konstellationen. Das heißt, dass Sie und Ihre Geschäftspartner mehr oder weniger gleichgerichtete Interessen haben müssen in dem Sinne, dass beide profitieren, wenn Sie das gemeinsame Projekt voranbringen. Nehmen wir als Bespiel einen Verlag. Ein Verlag kann nur dann erfolgreich sein, wenn er Autoren fair an den Erträgen aus der Vermarktung eines Buches beteiligt und sie damit motiviert, Höchstleistungen zu bringen. Wenn der Verlag lediglich Hungerlöhne an Autoren zahlt, dann wird er auf lange Sicht nicht erfolgreich sein, auch wenn er auf kurze Sicht höhere Erträge hat. Denn ein erfolgreicher Autor wird bei einem Folgeprojekt zu einem anderen Verlag gehen.

Wichtig ist auch, dass alle Beteiligten realistische Erwartungen haben und wissen, welchen Einsatz sie bringen müssen und welchen Ertrag sie erwarten können. Darüber hinaus müssen Sie den Geschäftspartnern und den Mitarbeitern gegenüber die Rahmenbedingungen und die Spielregeln unmissverständlich und deutlich kommunizieren. Ich greife noch einmal das Beispiel eines Verlages als Unternehmung auf. Wenn Sie Autoren unter Vertrag nehmen, die erwarten, innerhalb von drei Monaten groß rauszukommen und Millionär zu werden, dann ist Ärger vorprogrammiert, weil das natürlich unrealistisch ist.

Schließlich müssen Sie in der Lage sein, Menschen für eine Sache zu begeistern und sie zu motivieren, Vollgas zu geben. Dabei müssen Sie aber ehrlich bleiben und dürfen keine falschen Versprechungen machen. Es ist absolut schädlich, falsche Versprechungen zu machen, um Geschäftspartner oder Mitarbeiter zu motivieren, sich mit höchstem Einsatz zu engagieren. Es wäre z.B. keine gute Idee, unfaire Regelungen im Kleingedruckten eines Vertrages zu verstecken, um einen Geschäftspartner oder Mitarbeiter über seine Gewinnbeteiligung oder seine Verdienstchancen zu täuschen. Das wird keine guten Früchte tragen, sondern faule Früchte werden das Ergebnis sein. Damit werden Konflikte vorprogrammiert, die auf lange Sicht sehr viel Kraft verbrauchen und wenig zum Erfolg beitragen.

Ihr höchstes Gut zur Erreichung von langfristigem Erfolg ist Ihre Glaubwürdigkeit. Das betrifft sowohl Ihre Glaubwürdigkeit als Anbieter von Waren und Dienstleistungen als auch Ihre Glaubwürdigkeit als Geschäftspartner und Arbeitgeber. Wenn Sie glaubwürdig und authentisch sind und Ihre Kunden, Geschäftspartner und Mitarbeiter die Erfahrung machen, dass man sich auf Sie verlassen kann, dann werden Sie mit hoher Wahrscheinlichkeit langfristig stabile Allianzen schmieden, die Ihnen auf dem Weg zum Erfolg Rückenwind geben.

Jetzt werden Sie vielleicht kritisch anmerken, dass Sie aber gehört haben, dass man Menschen rücksichtslos ausbeuten und hereinlegen muss, um schnell reich zu werden. Schließlich liest man täglich in der Zeitung, dass Leute es so angestellt haben und damit erst einmal durchgekommen sind. Es gibt tatsächlich Menschen, die mit diesen Methoden **kurzfristig** erfolgreich zu sein scheinen. Wenn Sie aber genauer hinschauen, dann stellen Sie in aller Regel fest, dass diese Zeitgenossen auf lange Sicht Schiffbruch erleiden mit einem solchen Geschäftsmodell. Es ist nur eine Frage der Zeit, bis man erneut etwas über sie in der Zeitung liest, das etwa in die Richtung geht, dass diese zum Alkoholiker geworden sind oder sich das Leben genommen haben.

Ein wichtiges Thema ist die Organisation Ihrer Arbeit und die Arbeit Ihrer Geschäftspartner und Mitarbeiter. Als selbständiger Unternehmer tragen Sie selbst die Verantwortung für die Organisation der Arbeitsabläufe und dafür, dass Sie Ihre eigene Arbeitskraft und die Arbeitskraft von Mitarbeitern möglichst effizient und gewinnbringend einsetzen. Das ist etwas ganz anderes, als nur sich selbst zu organisieren und den Einsatz der eigenen Zeit zu verantworten. Das klingt so banal und selbstverständlich. Und trotzdem wird es vielen Existenzgründern zum Verhängnis, dass sie zu spät anfangen, genauer über Arbeitsabläufe, Organisation und Aufgabenbeschreibungen nachzudenken und Mitarbeiter oder Geschäftspartner entsprechend zu führen. Schlecht oder gar nicht geführte Mitarbeiter oder Geschäftspartner bringen keine volle Leistung und kosten unnötig Geld. Gerade für Existenzgründer, die zuvor keine Führungsverantwortung als Angestellter hatten, gestaltet sich der Übergang zum Unternehmer zumeist schwieriger als bei solchen Gründern, die über Führungserfahrung verfügen. Denn das Führen von Menschen erfordert nicht nur Talent, sondern auch Erfahrung. Wenn Ihnen solche Erfahrungen fehlen, dann versuchen Sie, Geschäftspartner einzubinden, die über entsprechende Erfahrungen verfügen und zeigen Sie sich lernbereit. Durch die frühzeitige Identifizierung von Schwachpunkten kann man rechtzeitig gegensteuern, um die Entstehung von Schäden und Konflikten zu verhindern.

V. FRANCHISEMODELL ODER EIGENREGIE?

Für viele Existenzgründer stellt sich die Frage, ob Sie auf ein Franchisemodell setzen wollen. Das gibt es u.a. für Bäckereiketten, Schnellrestaurants und Immobilienmaklerunternehmen (z.b. Backwerk, Mc Donald's, Engel & Völkers etc). Als Existenzgründer werden Sie sich die Frage stellen, ob es empfehlenswert ist, sich in ein solches Franchisemodell einzuklinken.

Franchisemodelle haben Vorteile und Nachteile. Ein Vorteil ist, dass Sie sich als Neuankömmling im Markt auf einen etablierten Markennamen und den Bekanntheitsgrad eines etablierten Unternehmens stützen können. Darüber hinaus können Sie von der laufend entfalteten Öffentlichkeitsarbeit der Franchisezentrale profitieren. Schließlich erhalten Sie in der Regel vorgefertigtes Werbematerial und (nicht zu unterschätzen) eine Kommunikationsplattform über die Internetpräsenz der Franchisezentrale mit erheblicher Kundenfrequenz. Das eröffnet Ihnen auch als Einsteiger die Chance, von diesem Kundenstrom auf den Internetseiten des Franchise-Unternehmens ohne große eigene Bemühungen etwas für sich abzuzweigen und so Kunden zu gewinnen.

Allerdings ist bei etablierten Franchise-Unternehmen damit zu rechnen, dass die lukrativsten Standorte bereits besetzt sind. Selbstverständlich wird der Franchisegeber darauf achten, dass sich Franchisenehmer in einem bestimmten lokalen Marktsegment nicht gegenseitig Konkurrenz machen. Als Neueinsteiger werden Sie daher in der

Regel zunächst an Standorten operieren müssen, die weniger Ertragschancen eröffnen als andere.

Darüber hinaus müssen Sie in aller Regel einen Eintrittspreis bezahlen, der einen zweistelligen Tausend-Euro-Betrag betragen kann. Schließlich müssen Sie als laufende Gebühr für die Teilnahme am Franchisesystem einen weiteren fixen Geldbetrag pro Monat oder einen bestimmten Prozentsatz Ihres Umsatzes zahlen.

Ein weiterer Nachteil besteht darin, dass Sie nicht mehr so flexibel sind wie bei einer Existenzgründung in Eigenregie. Der Standort, die Einrichtung Ihres Geschäftslokals und die Gestaltung Ihrer Internetpräsenz und der Geschäftskorrespondenz sind vorgegeben.

Schließlich ist zu bedenken, dass Sie nicht nur von den Vorteilen der etablierten Marke profitieren, sondern unter Umständen auch die Auswirkungen von außergewöhnlichen Ereignissen mit Skandalpotential in einer Niederlassung des Franchise-Unternehmens zu spüren bekommen und mit ausbaden müssen. Wenn z.B. ein Teilnehmer des Franchisemodells in einer anderen Stadt wegen Betruges strafrechtlich verurteilt wird, weil Kunden in großem Stil getäuscht worden sind, dann kann es passieren, dass Sie als Unternehmer mit dem gleichen Markennamen des Franchisemodells aufgrund von Presseberichterstattung über den Vorfall in „Sippenhaft" genommen werden und in der Wahrnehmung (potentieller) Kunden ebenfalls unter kritischer Beobachtung stehen.

Entscheidend dürfte auch sein, welcher Standtort in einem Franchise-Unternehmen verfügbar ist. Es macht natürlich wenig Sinn, in eine Kleinstadt am anderen Ende der Republik umzuziehen, um dort einen freien Standtort in einem Franchise–Unternehmen zu besetzen, wenn man zu diesem Ort keinen Bezug hat. Wenn allerdings in der Nähe des Wohnortes ein attraktiver Standort angeboten wird mit einem günstigen Marktumfeld, dann sieht die Bewertung natürlich ganz anders aus.

Die Entscheidung für oder gegen eine Teilnahme an einem Franchisemodell ist eine schwierige Abwägung, die nur jeder für sich allein treffen kann.

VI. NEUGRÜNDUNG ODER ÜBERNAHME?

Die Existenzgründung ist in zwei Ausprägungen denkbar: Sie können ein bestehendes Unternehmen kaufen und fortführen oder ein neues Unternehmen gründen. Die meisten Existenzgründer entwickeln ihr Unternehmen komplett selbst ohne eine Übernahme eines bestehenden Unternehmens. Übernahmegründungen haben im letzten Jahr ausweislich des KfW-Gründungsmonitors 2018 nur 10% aller Existenzgründungen ausgemacht.[8]

Vorteil der Übernahme eines bestehenden Unternehmens ist, dass es bereits Erfahrungswerte in Form der Ertragsentwicklung in der Vergangenheit gibt, die Aussagen darüber zulassen, ob das Geschäftsmodell in der Praxis tatsächlich funktioniert. Darüber hinaus kann der Gründer von der Übernahme von aufgebauten Organisationsstrukturen und unter Umständen von erfahrenen Mitarbeitern profitieren, die das Geschäftsmodell in der Praxis umgesetzt haben.

Nachteil der Übernahme eines bestehenden Unternehmens ist, dass diese Form der Existenzgründung in der Regel deutlich mehr Gründungskapital erfordert. Denn die Aufbauleistung und die Positionierung am Markt und die darin enthaltenen Ertragschancen für die Zukunft lässt sich der Verkäufer eines Unternehmens natürlich bezah-

---

[8] Ich verweise dazu auf den KfW Gründungsmonitor 2018, den Sie unter dem folgenden Kurzlink im Internet kostenlos herunterladen können: https://goo.gl/Gjipps

len. Mit Kaufpreisen in Höhe des 10-fachen Jahresertrages (bei sehr gut etablierten Unternehmen auch deutlich mehr) ist bei einer Unternehmensübernahme durchaus zu rechnen.

Schließlich kauft der Gründer sich auch in bestehende Haftungsrisiken eines Unternehmens ein. Das gilt insbesondere für Risiken aus Rechtsstreitigkeiten über Patente oder Marken, Produkthaftungsfällen und aus Steuerschulden, für die der Erwerber eines Unternehmens gerade stehen muss. Zwar kann im Unternehmenskaufvertrag geregelt werden, dass der Verkäufer den Käufer von solchen Schäden freistellen muss. Das kann jedoch nicht verhindern, dass der Erwerber eines Unternehmens im Außenverhältnis haftet und von Geschädigten oder vom Fiskus zunächst in Anspruch genommen wird. Er trägt dann das Risiko, ob der Anspruch gegen den Verkäufer auf Kompensation auch realisierbar ist. Es ist daher erforderlich, ein Unternehmen vor dem Kauf sehr gründlich zu durchleuchten und das Chancen-Risiko-Profil gründlich zu untersuchen. Solche Prüfprozesse werden als Due Diligence bezeichnet. Eine Due Diligence sollte sich auf Zahlenwerke, steuerliche Sachverhalte, Vertragsverhältnisse und schließlich auf Arbeitsverträge und bestehende Rechtsrisiken aus anhängigen oder drohenden Streitigkeiten beziehen.[9] Eine solche Due Diligence kann sehr aufwändig werden und erhebliche Kosten für Rechtsanwälte, Steuerbera-

---

[9] Weiterführende Informationen finden Sie unter dem folgenden Kurzlink im Internet: https://goo.gl/JNVgcr

ter und Wirtschaftsprüfer verursachen. Diese Kosten müssen bei der Finanzierung des Unternehmenserwerbes berücksichtigt werden.

Aus den Vor- und Nachteilen der Übernahme eines bestehenden Unternehmens ergeben sich spiegelbildlich die Vor- und Nachteile einer Neugründung. Diese ist in der Regel risikoreicher wegen fehlender Erfahrungswerte mit dem Geschäftsmodell und wegen der noch nicht erfolgten Marktpositionierung.

Allerdings erfordert die Neugründung in aller Regel deutlich weniger Gründungskapital. Da bei der Neugründung kein Risiko besteht, in bestehende Rechts- und Haftungsrisiken des Vorgängers hineinzuschlindern, entfällt der Aufwand für eine Due Diligence Prüfung. Diese Gemengelage erklärt, warum sich die überwältigende Mehrheit der Existenzgründer für eine Neugründung und gegen die Übernahme eines bestehenden Unternehmens entscheidet.

VII. Gewerbeerlaubnis

Bevor Sie am Markt als Unternehmer auftreten, müssen Sie in jedem Fall eine Gewerbeanmeldung bei der zuständigen Behörde vornehmen. Wenn der ausgeübte Beruf genehmigungspflichtig ist, benötigen Sie nicht nur eine Anmeldung des Gewerbes, sondern eine Gewerbeerlaubnis. Wenn Sie beispielswiese vor der Erteilung der erforderlichen Gewerbeerlaubnis als gewerblicher Immobilienmakler tätig werden, dann handeln Sie gemäß § 144 GewO ordnungswidrig und können mit einer Geldbuße in Höhe von bis zu € 5.000 belegt werden.

Die Voraussetzungen für die Erlangung einer Gewerbeerlaubnis hängen vom ausgeübten Gewerbe ab. Für manche Gewerbe sind die Voraussetzungen sehr gering und für andere wiederum sind berufsqualifizierende Abschlüsse erforderlich.

Für die Erlangung der Genehmigung zur Ausübung eines Gewerbes als Immobilienmakler müssen Sie z.B. keine Fachkenntnisse und keinen berufsqualifizierenden Abschluss nachweisen. Ausreichend ist, dass Sie nicht in ungeordneten Vermögensverhältnissen leben (indiziert z.B. durch ein Insolvenzverfahren) und nicht einschlägig strafrechtlich verurteilt sind.

Besonderheiten gelten für das Gaststättengewerbe. Die Einzelheiten sind im Gaststättengesetz des Bundes und teilweile in Landesgesetzen geregelt.[10] Demnach macht es einen Unterschied, ob Sie auch alkoholische Getränke ausschenken oder nur nichtalkoholische Getränke. Für den Verkauf und die Zubereitung von Speisen sind zudem ein Sachkundenachweis im Hinblick auf Grundkenntnisse der Lebensmittelhygiene und ein Gesundheitszeugnis erforderlich.

Formulare für die Beantragung der Gewerbeerlaubnis können Sie auf der Internetseite der Stadt-verwaltung herunterladen, die für Sie zuständig ist. Dort finden Sie auch Informationen, welche Stelle zuständig ist und wohin Sie den ausgefüllten Antrag schicken müssen. Darüber hinaus können Sie Informationen von der zuständigen Industrie- und Handelskammer erhalten. Diese hat in der Regel auch eine Internetseite mit umfangreichen Informationen.

---

[10] Weitere Informationen dazu finden Sie unter dem folgenden Kurzlink im Internet: https://goo.gl/9FceNL

VIII. INTERNETPRÄSENZ

Selbstverständlich müssen Sie als Unternehmer in heutiger Zeit eine professionell gestaltete Internetseite haben. Ihre Internetseite ist Ihr virtuelles Geschäftslokal und Ihre Visitenkarte. Potentielle Kunden werden Sie selbstverständlich nach dem ersten Eindruck von Ihrer Internetseite beurteilen. Eine funktionell und optisch schlecht gestaltete Internetseite kann zu einem echten Stolperstein bei der Anbahnung von lukrativen Geschäftskontakten sein. Sparen Sie daher auf keinen Fall an dieser Stelle.

Für den Internetauftritt von Gewerbetreibenden sind einige besondere Regelungen zu beachten, die im Telemediengesetz (TMG) niedergelegt sind. Wichtig ist dabei die rechtskonforme Gestaltung des Impressums. Darüber hinaus sind im Jahre 2018 umfangreiche Pflichten aus der europäischen Datenschutzgrundverordnung (DSGVO) hinzugekommen. Die Anforderungen sind kompliziert und eine Nachlässigkeit kann dazu führen, dass Sie unerfreuliche Post von einem Rechtsanwalt bekommen, der Sie wegen Fehlern auf der Internetseite im Auftrag eines Konkurrenten abmahnt. Dann wird es meistens teuer. Das Geld sollten Sie besser in eine von Anfang an professionell gestaltete Internetseite mit rechtssicheren Texten investieren.

Wenn Sie selbst nicht über die Fähigkeiten zur professionellen und rechtssicheren Gestaltung von Internetseiten verfügen, dann sollten Sie unbedingt Geld in einen professionellen Service investieren. Es wäre am falschen

Ende gespart, bei der Gestaltung des Internetauftritts Abstriche zu machen. Wichtig ist insbesondere, dass die Internetseite eine professionelle Funktionalität bietet und logisch gegliedert und aufgebaut ist. Sonst verschrecken Sie potentielle Kunden bereits beim Erstkontakt. Eine schlichte Seite mit Kontaktdaten und Foto von Ihnen reicht in heutiger Zeit keinesfalls aus.

D. DIE BESTEN GESCHÄFTSMODELLE AUS MEINER BERATUNGSPRAXIS

In diesem Kapitel werde ich Ihnen die 3 besten Geschäftsmodelle aus meiner Beratungspraxis vorstellen. Die Darstellung wird Ihnen bei der Entwicklung eines Gespürs helfen, worauf es ankommt. Das ist der eigentliche Zweck, warum ich Ihnen diese Praxisbeispiele vorstelle.

Machen Sie bitte nicht den Fehler, eines der Geschäftsmodelle unreflektiert zu adaptieren, ohne darüber nachzudenken, ob das wirklich zu Ihren ganz persönlichen Stärken und Schwächen und zu Ihrer Kapitalausstattung passt. Wie oben ausgeführt, ist für den unternehmerischen Erfolg entscheidend, dass der Unternehmer genau das tut, was seine größte Stärke ist. Dann sind die Chancen für einen Erfolg am größten. Denn ein Überzeugungstäter wird eher ein konkurrenzfähiges Produkt oder eine konkurrenzfähige Dienstleistung entwickeln als ein reiner Mitläufer. Auch das beste Geschäftsmodell wird Sie nicht reich machen, wenn es nicht zu Ihrer Persönlichkeit passt.

I. DOPPELVERTRAGSMODELL FÜR VERMITTLUNG VON IT-SPEZIALISTEN

Eines der drei erfolgreichsten Geschäftsmodelle aus meiner Beratungspraxis ist die Gründung einer Vermittlungsagentur für Softwareentwickler. Dabei wird der Vorteil genutzt, dass viele Unternehmen händeringend IT-Spezialisten und Softwareentwickler suchen und diese nicht finden, weil der Markt nicht genügend ausgebildete und erfahrene Spezialisten bereithält. Die IT-Spezialisten hingegen beherrschen zwar die IT, sind aber in Fragen der Vermarktung ihrer Kenntnisse und Fähigkeiten häufig nicht sehr versiert. Genau hier setzt das Geschäftsmodell an: Es schließt die Lücke, indem ein Pool von gesuchten IT-Spezialisten und Softwareentwicklern unter Vertrag genommen wird, um diese entweder auf Provisionsbasis als Vollzeitarbeitskräfte an Unternehmen zu vermitteln oder, um diese projektbezogen auf Basis eines Dienstvertrages bei einem nachfragenden Unternehmen einzusetzen.

Bei der zweiten Variante kommt das zweistufige Dienstvertrags-Modell zum Einsatz. Dieses beinhaltet, mit beiden Seiten (IT-Spezialisten auf der einen Seite und Unternehmen auf der anderen Seite) einen Dienstvertrag zu schließen und sich genau in der Mitte zwischen Anbieter und Abnehmer der Dienstleistung zu positionieren. So werden Angebot und Nachfrage ohne nennenswertes unternehmerisches Risiko zusammengeführt und eine Marge aus der Differenz zwischen den Einnahmen aus dem Dienstvertrag mit dem Unternehmen und den Kosten aus dem Dienstvertrag mit dem IT-Spezialisten verdient. Großer Vorteil des Modells: Der IT-Spezialist muss nur bezahlt werden, wenn er auf der Grundlage eines konkreten Auftrages bei einem Unternehmen tätig wird. So wird das Risiko vermieden, dass die Kosten weiterlaufen (z.B. in Form eines Gehaltes für den IT-Spezialisten als fest angestellter Mitarbeiter), obwohl aktuell kein Unternehmer die Leistungen abruft und entsprechend bezahlt. Das Doppelvertragsmodell eliminiert dieses Risiko.

Durch die jederzeitige Kündbarkeit des Dienstvertrages auch ohne triftigen Grund kann sich der Start-Up-Unternehmer von problematischen IT-Spezialisten leicht und schnell trennen. Die üblichen Probleme und Kosten bei der Kündigung von Arbeitsverhältnissen entfallen.

Außerdem werden Sozialversicherungsbeiträge gespart, weil die IT-Spezialisten bei einem Dienstvertrag als selbständig gelten und nicht als Arbeitnehmer. Für die IT-Spezialisten selbst gibt es den Vorteil, dass sie nicht in die gesetzliche Rentenversicherung einzahlen müssen, sondern eigenverantwortlich eine werthaltige Altersvorsorge aufbauen können. Außerdem können die IT-Spezialisten auf selbständiger Basis häufig mehr verdienen als in einem Angestelltenverhältnis. Daher sind viele IT-Spezialisten gerne bereit, bei diesem Modell mitzumachen. Denn es hat handfeste Vorteile für beide Seiten.

Wichtig ist bei diesem Modell jedoch, dass die Grenzen zur Scheinselbständigkeit nicht überschritten werden. Daher erfordert die Umsetzung dieses Geschäftsmodells ein gutes juristisches Verständnis der vertraglichen Konstruktion und der Einschätzung der Risiken. Da viele Gründer diese Fähigkeiten nicht haben und auch nicht bereit sind, sich in solche Themen einzuarbeiten, konnte der von mir beratene Existenzgründer den Markt sehr gut bearbeiten und besetzen.

Der Erfolg dieses Geschäftsmodells steht und fällt natürlich mit der Qualität des Pools aus IT-Spezialisten. Diese müssen frühzeitig (idealerweise bereits an der Universität oder Fachhochschule) gewonnen werden. Zu diesem Zweck hat der Start-Up-Unternehmer umfangreiche Kontakte zu Universitäten und Fachhochschulen aufgebaut, um die IT-Spezialisten von morgen frühzeitig zu binden. Als weiteres Mittel wurde eine kostenlose Praktikumsbörse ins Leben gerufen, um den angehenden IT-Spezialisten Praxiserfahrung in der Arbeitswelt zu vermitteln und ihre Kontaktdaten zu erhalten. Schließlich hat der Existenzgründer gezielt auf Karrieremessen IT-Spezialisten angesprochen und für den Pool gewonnen. So konnte er zu einem wichtigen Bindeglied werden und mit den aufgebauten Kontakten sehr viel Geld verdienen mit überschaubarem Risiko und geringer Kapitalbindung.

Dieses Beispiel zeigt sehr schön, dass es für unternehmerischen Erfolg nicht erforderlich ist, von Anfang an über den entscheidenden Wissensvorsprung zu verfügen. Viel entscheidender ist die Bereitschaft, sich mit neuen Themen zu befassen und in fachfremde Materien einzuarbeiten. Der Schlüssel zum Erfolg war bei diesem Geschäftsmodell die Entwicklung einer Vertragskonstruktion, um Angebot und Nachfrage perfekt zu matchen.

II. INTERNET-VERMITTLUNG FÜR HAUSTIERBETREUUNG AUF GEGENSEITIGKEIT

Ein weiteres sehr erfolgreiches Geschäftsmodell aus meiner Beratungspraxis ist die Eröffnung einer Internet-Vermittlungsagentur für die Betreuung von Haustieren. Jeder Haustierhalter kennt das Problem, dass er im Urlaub das Tier nicht mitnehmen kann oder möchte. Ungern möchte man ständig Freunde und Bekannte bitten, sich um das Tier zu kümmern. Daher ist es naheliegend, Menschen aus der näheren Umgebung zu suchen, die das gleiche Problem haben, um mit diesen auf Gegenseitigkeit die Tierbetreuung während des Urlaubs zu organisieren. Erste Anlaufstelle für die Suche ist (wie üblich) die Suchmaschine Google.

Der von mir beratene Existenzgründer hat diese Marktchance frühzeitig erkannt und eine internetbasierte Vermittlungsagentur aufgebaut. Die Kosten für die Erstellung einer ansprechenden Internetseite waren überschaubar. Laufende Kosten für die Anmietung von Büroraum oder Ladenlokalflächen gab es nicht, weil dieses Geschäft vom Wohnzimmertisch aus aufgebaut und betrieben werden konnte. Durch fleißiges Bloggen und Posten von Internetartikeln konnte die Internetseite relativ schnell bei der Stichwortsuche mit Google aufsteigen und erheblichen Traffic generieren.

Interessant ist, dass der Unternehmer zunächst eine Tierpension gründen und zu diesem Zweck einen Bauernhof anmieten wollte. Im Rahmen der Beratung wurde diese Idee jedoch als lokal zu begrenzt und als zu kapitalbindend verworfen. Tatsächlich hat sich bei weiteren Recherchen herausgestellt, dass der Markt für die Leistungen einer internetbasierten Vermittlungsagentur von Tierbetreuung auf Gegenseitigkeit viel größer ist. Denn viele Tierhalter möchten ihre Haustiere nicht in die Hände einer kommerziell betriebenen Verwahrstation geben, weil das für die Tiere Stress bedeutet. Vorzugswürdig ist daher die Betreuung durch eine Person aus der Nachbarschaft auf der Basis von Gegenseitigkeit. Das war die entscheidende Erkenntnis für den Gründer, um von der Totgeburt der Tierpensionsvariante abzulassen und sich dem zukunftsweisenden Ansatz einer Internetlösung zu widmen.

Die Erträge für die Vermittlungsleistungen wurden so generiert, dass ein jährlicher Mitgliedsbeitrag von den Interessenten für die Aufnahme in den Pool zu zahlen ist. Von dem Mitgliedsbeitrag sind bis zu 3 Vermittlungsvorschläge pro Jahr für Tierbetreuer in der näheren Umgebung abgedeckt. Darüber hinausgehende Vorschläge sind gegen zusätzliche Gebühren pro Vermittlung möglich.

Dieses Beispiel einer sehr erfolgreichen Existenzgründung zeigt deutlich, wie wichtig es ist, die Bedürfnisse der ins Auge gefassten Zielgruppe genau zu verstehen. Denn nur auf dieser Basis lässt sich ein funktionierendes und lukratives Geschäftsmodell aufbauen. Es ist viel einfacher, einem Kunden etwas zu verkaufen, was er für sich als beste Lösung eines Problems sofort erkennen kann als einen Kunden davon zu überzeugen, die zweitbeste oder drittbeste Lösung zu akzeptieren und einzukaufen. Genau deswegen war es so wichtig für den Erfolg dieses konkreten Geschäftsmodells, die Bedürfnisse von Haustierhaltern sehr genau zu ergründen und zu verstehen.

Außerdem hat das schließlich erfolgreich realisierte Geschäftsmodell in diesem konkreten Fall noch den Vorteil eines geringeren wirtschaftlichen Risikos und einer größeren Marktdurchdringung. Die internetbasierte Vermittlungsagentur ist für Kunden in ganz Deutschland und sogar für Kunden im Ausland attraktiv und nutzbar. Die Tierpension auf einem Bauernhof hingegen hätte trotz größerer Kapitalbindung und trotz größeren Risikos eine viel geringere Marktdurchdringung erzielt und auf lange Sicht auch keine weiteren Wachstumschancen eröffnet.

Dieses sehr spezielle Geschäftsmodell der Aufnahme in einen Vermittlungspool von Haustierbetreuung auf Gegenseitigkeit hat schließlich noch eine weitere Verlängerung der Wertschöpfungskette ermöglicht: Auf der Internetseite konnte erfolgreich Werbung für Haustiernahrung und Zubehör für die Haustierhaltung platziert werden. Eine Kooperation mit einer Ladenkette für solche Produkte hat schließlich einen explosionsartigen Aufwärtstrend bei den Erträgen initiiert. All das wäre mit einer Tierpension auf einem angemieteten Bauernhof nicht möglich gewesen.

III. BERUFSBILD „BLOGGER" ODER „INFLUENCER"

Sicherlich haben Sie schon von Internetblogs gehört und vielleicht auch selbst an Diskussionen in solchen Blogs teilgenommen. Im Prinzip handelt es sich dabei um Internetseiten mit Themenschwerpunkten, die von angemeldeten Besuchern inhaltlich mitgestaltet werden können in Form von geposteten Artikeln und in Form von Diskussionen zu geposteten Inhalten. Das Prinzip ist ganz ähnlich wie bei facebook, Instagram, YouTube und Google+. Auch bei diesen führenden Anbietern solcher Seiten gibt es verschiedene Gruppen mit Themenschwerpunkten, die sich gut für gezieltes Bloggen eignen.

Ein normaler Nutzer dieser Seiten tut dies in erster Linie, um Informationen und Anregungen zu bekommen und mit anderen Nutzern zu diskutieren. Diese Foren sind daher ein illustrer Marktplatz für Neuigkeiten, Gerüchte und Diskussionen, den man aktiv und passiv nutzen kann. Ein Geschäftsmodell wird dann daraus, wenn sich ein Blogger eine Reputation und Einfluss aufbaut, um gezielt Werbung für Auftraggeber zu transportieren und damit Geld zu verdienen.

Ein Erfolg als selbständiger Blogger setzt jedoch voraus, dass erst einmal eine gewisse Reputation erlangt wird. Das kann man am besten erreichen durch gezieltes und nachhaltiges Posten von hochwertigen Inhalten, um eine Schar von sogenannten Followern anzulocken, die die Beiträge des Bloggers abonnieren. Durch eine entsprechend große Anzahl an Followern vergrößert sich die Reichweite der Beiträge und diese können so zu einem wertvollen Instrument der Verbreitung von bestimmten Werbeinhalten werden.

Erfolgreiche Blogger können somit Einfluss auf Themen und Trends im Internet nehmen und damit zu sogenannten „Influencern" aufsteigen. Das gilt insbesondere dann, wenn sie sich einen beeindruckenden Track Record von geschätzten Beiträgen aufgebaut haben und damit quasi Prominentenstatus erlangen. Denn interessante und nützliche Beiträge sprechen sich herum und locken immer mehr Follower an, die die Beiträge abonnieren. Das gilt insbesondere dann, wenn der Blogger sehr gut formulieren kann und die Inhalte seriös und gut recherchiert sind.

Wenn die kritische Masse von Followern erreicht ist und Beiträge mit einem Mouse-Click direkt mehrere Zehntausend Personen erreichen können, wird die Sache auch kommerziell interessant. Denn mit einer solchen Reputation und einem solchen Kommunikationskanal kann ein erfolgreicher Blogger als Träger von Botschaften und auch von Werbung interessant werden. Denn immerhin werden seine Beiträge von vielen Menschen mit einer positiven Grundeinstellung zur Kenntnis genommen. Genau dadurch kann ein Blogger tatsächlich im Auftrag von zahlender Kundschaft Einfluss auf Inhalte und diskutierte Themen in maßgeblichen Foren und auf maßgeblichen Blogs gewinnen. Manche bezeichnen dieses Berufsbild daher als „Influencer".

An dieser Stelle möchte ich jedoch möglicherweise aufkeimende Euphorie bremsen. Es ist nicht so einfach, zum „Influencer" aufzusteigen, wie manche glauben machen wollen. Dafür muss jemand wirklich sehr gute Inhalte entwickeln und diese sehr nachhaltig im Internet posten. Denn nur so kann ein Blogger sich von den üblichen verwaschenen Inhalten abgrenzen, die leider allzu häufig kaum nennenswerte Substanz enthalten. Wichtig ist dabei auch ein gutes Gespür für angesagte Themen. Dabei sollte man zu hochgespülten Themen nach Möglichkeit als erster etwas posten, um von hitzigen Diskussionen von Lesern zu profitieren, die wiederum weitere Diskussionsteilnehmer und Interessenten anlocken.

Einige der von mir beratenen Blogger haben es tatsächlich geschafft, mit ihrer Tätigkeit mehr als € 100.000 pro Jahr zu verdienen.

E. DER BUSINESSPLAN (SCHRITT 3)

Alle Welt redet davon, wenn es um die Existenzgründung geht. Aber was genau ist denn eigentlich ein Businessplan und wofür braucht man den?

Man könnte schlagwortartig zusammenfassen, dass ein Businessplan der Fahrplan zum Ziel ist. Das Ziel ist dabei der Aufbau eines profitablen Unternehmens. Daher gehören zu einem guten Businessplan selbstverständlich eine klare Definition des Ziels und eine möglichst präzise Beschreibung des Weges zum Ziel.[11]

Wenn Sie für die Realisierung Ihrer Existenzgründung ein Darlehen benötigen, dann müssen Sie schon deshalb einen überzeugenden Businessplan erstellen, weil Sie sonst keine Darlehenszusage von einer Bank erhalten werden.

Ein seriöser Banker wird Ihnen kein Darlehen geben, wenn Sie ihn nicht mit einer detaillierten und belastbaren Beschreibung und Planung der Unternehmensgründung überzeugen können. Sämtliche getroffenen Annahmen in einem Businessplan sollten plausibel begründet und nach Möglichkeit mit objektiven und zuverlässigen Datenquellen belegt werden.

---

[11] Durchaus brauchbare Mustervorlagen für einen Businessplan (textlicher Teil und Zahlen im Excel-Format) finden Sie zum kostenlosen Download auf der Internetseite der IHK München unter dem folgenden Link: https://www.ihk-muenchen.de/businessplan/

I. NOTWENDIGER INHALT

Ein Businessplan muss natürlich möglichst belastbare Zahlen und Berechnungen enthalten, wie das Geschäftsmodell Ertrag generiert und mit welchen Kosten zu rechnen ist (Finanzplan). Daraus ist eine realistische Prognose für die Gewinnentwicklung innerhalb der ersten drei Jahre abzuleiten. Dabei müssen sowohl die Kosten und Erträge als auch die Herkunft der erforderlichen Mittel (Eigenkapital und Darlehen) konkret beschrieben und zahlenmäßig ausgewiesen werden.

Der Businessplan ist jedoch viel mehr als ein reines Zahlenwerk, denn er beschreibt auch alle wichtigen Aspekte des Unternehmens, definiert Etappenzielmarken und analysiert Chancen und Risiken des Geschäftsmodells.

Das Erstellen eines möglichst detaillierten Businessplans ist Pflichtaufgabe für einen Existenzgründer. Wer diesen Schritt überspringt und einfach planlos beginnt, wird in den meisten Fällen scheitern. Wenn er gleichwohl nicht scheitert, so wird er jedenfalls viel Lehrgeld bezahlen und Chancen nicht optimal nutzen. Denn beim Schreiben des Businessplans mit allen erforderlichen Punkten zwingt sich ein Gründer zu einer sorgfältigen und kritischen Auseinandersetzung mit dem eigenen Geschäftsmodell und der Gründungsplanung. Schreiben ist die intensivste Form des Nachdenkens. Denn beim Schreiben des Businessplans werden systematisch alle dunklen Ecken ausgeleuchtet, um Risiken zu erkennen und Stolpersteine aus dem Weg zu räumen bevor sie Schaden verursachen können. Sie sollten daher unter keinen erdenklichen Umständen auf die Erstellung eines detaillierten Businessplans verzichten und besser mehr als weniger Zeit darauf verwenden.

Eine sehr kritische und schonungslose Auseinandersetzung mit den Erfolgs- und Risikofaktoren eines Geschäftsmodells ist ein sehr wichtiger Aspekt bei der Erstellung eines Businessplans. Denn viele Existenzgründer unterstellen (häufig unbewusst) ein Best-Case-Szenario und blenden Risiken und Abhängigkeiten aus. Wenn dann tatsächlich Risiken schlagend werden, gibt es häufig keine Strategie, um das Problem zu lösen. Das können Sie vermeiden, wenn Sie sich von Anfang an bei allen wesentlichen Meilensteinen mit der Frage auseinandersetzen, welche Alternativen zur Verfügung stehen, wenn Plan A nicht funktioniert, weil sich ein Risiko realisiert hat.

In diesem Zusammenhang müssen Sie sich auch mit der Konkurrenzsituation am Markt auseinandersetzen. Welche anderen Player gibt es? Kann ich ihre Preise unterbieten und welchen Vorteil hat mein Produkt bzw. meine Dienstleistung im Vergleich zu den Konkurrenzprodukten für den Kunden? Welche weiteren Stellschrauben und Spielräume gibt es, wenn Konkurrenten nach meinem Markteintritt die Preise senken? Wie kann ich im Markt sichtbar werden für potentielle Kunden und ihre Aufmerksamkeit gewinnen? Auf all diese Fragen muss der Businessplan eine überzeugende Antwort geben.

Herzstück eines jeden Businessplans ist das Geschäftsmodell. Dazu hatte ich Ihnen bereits im vorhergehenden Kapitel umfangreiche Informationen gegeben. Aus dem Geschäftsmodell müssen Sie eine Ertrags- und Aufwandsprognose ableiten, d.h. Sie müssen die voraussichtlich erzielbaren Erträge aus der Vermarktung eines Produktes oder einer Dienstleistung ins Verhältnis setzen zu dem erforderlichen Aufwand, um die Produkte oder Dienstleistungen herzustellen oder einzukaufen und am Markt abzusetzen. Eine bloße Saldierung der Einkaufs- und Verkaufspreise reicht natürlich nicht aus. Sie müssen zahlreiche weitere Kostenpositionen bei der Kalkulation berücksichtigen wie Lohnkosten, Kosten für Werbung, Miete für Büro- und Geschäftsräume, Verwaltungskosten, Steuerberatungskosten und vieles mehr.

Ein ganz wesentlicher Faktor bei der Kalkulation des Aufwands ist dabei Zeit. Sie müssen sich genau überlegen und dokumentieren, welche Arbeitsschritte erforderlich sind, um die Produkte und Dienstleistungen bereitzustellen und zum Kunden zu bringen. Dazu gehört auch eine detaillierte Analyse, wie viel Humankapital Sie benötigen und mit welchem Zeitaufwand zu rechnen ist. Dabei sollten Sie den Zeitaufwand im Zweifel lieber zu hoch als zu niedrig ansetzen. Das gilt sowohl für die von Ihnen selbst eingesetzte Arbeitszeit als auch für die Zeit von Geschäftspartnern oder angestellten Mitarbeitern. Im Businessplan müssen Sie eine überzeugende Antwort auf die folgende Frage finden: Wer macht was und wann und in welcher Reihenfolge?

Es hat sich als hilfreich erwiesen, den Prozess der Wertschöpfung im Rahmen des Geschäftsmodells auf einem Zeitstrahl zu beschreiben und einzelne Meilensteine zu definieren. Bei den einzelnen Meilensteinen sollten Sie sich auch kritisch mit möglichen Risiken und Problemen auseinandersetzen. Das gilt insbesondere für sehr wichtige Meilensteine, mit denen der Erfolg des Unternehmens steht und fällt.

Der Businessplan ist nicht nur ein Stück Papier, das zu Anfang einmal erstellt werden muss und dann in der Schublade verschwindet. Er muss fortlaufend weiterentwickelt und an neue Gegebenheiten angepasst werden. Für den Businessplan gelten somit ähnliche Regeln wie für das Geschäftsmodell: Er muss ständig hinterfragt und weiterentwickelt werden. Gerade deshalb zahlt sich die zu Anfang investierte Zeit für eine sehr sorgfältige Erstellung des Businessplans auch langfristig für das Unternehmen aus. Es ist wie mit dem Fundament eines Gebäudes. Wird es sorgfältig erstellt, so kann das Haus darauf langfristig stabil und sicher stehen. Ist es hingegen lieblos und planlos erstellt, so gefährdet es langfristig die Standsicherheit des Gebäudes. Die Schwächen eines Fundamentes treten oft erst in schwierigen Situationen (Sturm, Überschwemmung etc.) zutage. Genauso verhält es sich mit einem Businessplan, der keine Aussagen und Strategien enthält, wie der Bruch von kriegsentscheidenden Gliedern der Wertschöpfungskette im Notfall überbrückt werden kann.

So entmutigend es sich auch anfühlen mag: Machen Sie nicht den Fehler, naiv nur in Best-Case-Szenarien zu denken, sondern betrachten Sie auch den Wort-Case und prüfen Sie kritisch, ob Ihr Unternehmen auch eine ungünstige Entwicklung der Rahmenbedingungen kompensieren und überleben kann. Das kann Ihnen im entscheidenden Moment einen Wettbewerbsvorteil bringen, weil Sie schneller als Ihre Konkurrenten auf sich verschlechternde Rahmenbedingungen reagieren können, die weniger gründlich nachgedacht haben als Sie.

II. Gründe für Scheitern einer Existenzgründung

Fakt ist, dass viele Existenzgründungen scheitern.[12] Die Wichtigkeit des Businessplans für den Erfolg einer Unternehmensgründung wird bestätigt durch eine Analyse der typischen Gründe für ein Scheitern. Tatsächlich ist durch statistische Auswertungen des Deutschen Industrie- und Handelskammertages (DIHK) belegt, dass ein unausgereifter Businessplan und eine schlechte Planung der Existenzgründung mit Abstand die häufigsten Gründe für ein Scheitern sind.[13] Das sollte jeden Gründer zum Nachdenken anregen.

Bei 35% aller Besucher der IHK-Gründungsberatung stellte die IHK fest, dass die Gründer sich zu wenig Gedanken zum Kundennutzen ihrer Geschäftsidee gemacht hatten. Das ist alarmierend, denn dabei geht es nicht um kleine Ungenauigkeiten bei den Haltungsnoten, sondern um kriegsentscheidende Themen. Bei 38% wurden kaufmännische Defizite festgestellt, die sich u.a. in einer unzureichenden Kalkulation von voraussichtlichen Kosten, Erträgen und Liquidität niedergeschlagen haben.

---

[12] Ich verweise dazu auf den KfW Gründungsmonitor 2018, den Sie unter dem folgenden Kurzlink im Internet kostenlos herunterladen können: https://goo.gl/Gjipps

[13] Ich verweise dazu auf den DIHK Gründerreport 2018, den Sie unter dem folgenden Kurzlink im Internet kostenlos herunterladen können: https://goo.gl/3HwPPP

Diese Befunde erklären die hohe Quote an gescheiterten Existenzgründungen und führen klar vor Augen, wie wichtig es ist, bei der Erstellung des Businessplans die Hausaufgaben gründlich zu machen.[14] Bedenken Sie, dass eine gescheiterte Existenzgründung viel Geld verbrennen und Selbstvertrauen zerstören kann. Ich schreibe das nicht, um Ihnen Angst zu machen oder Sie zu demoralisieren, sondern vielmehr, um Ihnen vor Augen zu führen, wie wichtig es ist, bei der Erstellung des Businessplans ehrlich und kritisch alle Aspekte zu beleuchten. Das kann auch zu dem Ergebnis führen, dass Sie erkennen, dass die ins Auge gefasste Geschäftsidee tatsächlich nicht funktionieren kann. Das ist zwar kein schönes Ergebnis, aber definitiv besser, als diese Erkenntnis erst 2 Jahre später zu gewinnen und bis dahin viel Geld und Kraft zu verschwenden.

---

[14] Ich verweise dazu auf den KfW Gründungsmonitor 2018, den Sie unter dem folgenden Kurzlink im Internet kostenlos herunterladen können: https://goo.gl/Gjipps

F. RECHTSFORMWAHL FÜR EIN UNTERNEHMEN (SCHRITT 4)

Unterstellen wir, dass Sie ein tragfähiges Geschäftsmodell ausgebrütet und im Rahmen eines Businessplans konkret durchgerechnet haben. Nun stellt sich für Sie unvermeidlich die Frage, in welcher Rechtsform Sie das Unternehmen aufziehen wollen. Für die Suche einer Antwort ist es hilfreich, zunächst einen Blick auf die möglichen Rechtsformen zu werfen. Dabei werde ich Ihnen die Vor- und Nachteile der einzelnen Rechtsformen vorstellen, so dass Sie für sich selbst eine Wahl treffen können. Das Ziel einer Optimierung der Steuerbelastung wird dabei auch eine Rolle spielen.

Die nachfolgende Grafik weist aus, in welcher Rechtsform Unternehmensgründungen in Deutschland erfolgen.

Abbildung 2: Bundesamt für Statistik,
Statistischen Jahrbuch 2017, S. 524

Betriebsgründungen nach Rechtsformen 2016
in %

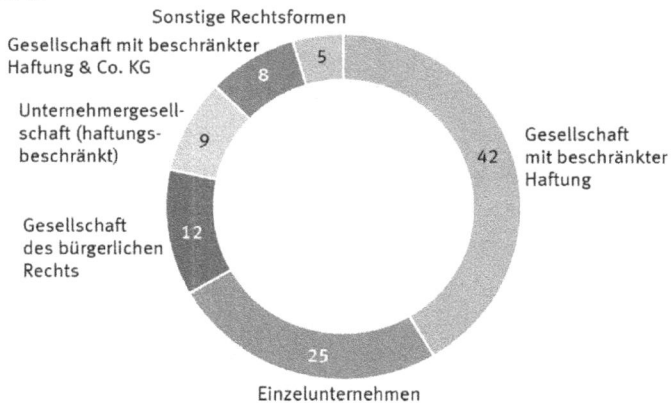

Sonstige Rechtsformen

Gesellschaft mit beschränkter
Haftung & Co. KG — 8

5

Unternehmergesell-
schaft (haftungs-
beschränkt) — 9

Gesellschaft
mit beschränkter
Haftung — 42

Gesellschaft
des bürgerlichen
Rechts — 12

25

Einzelunternehmen

I. Einzelkaufmännisches Unternehmen

Die einfachste Rechtsform einer selbständigen Tätigkeit ist das einzelkaufmännische Unternehmen. Träger der unternehmerischen Tätigkeit ist dabei die natürliche Person des Unternehmers. Der administrative Aufwand für die Gründung und die laufende Verwaltung ist relativ gering.

Wegen der personellen Identität des Unternehmers und des Unternehmens besteht bei dieser Rechtsform **keine** Haftungsbegrenzung. Der Unternehmer haftet unbegrenzt für die Verbindlichkeiten aus der unternehmerischen Tätigkeit auch mit seinem Privatvermögen. Wenn die geplante unternehmerische Tätigkeit haftungsträchtig und gefährlich ist, dann ist von dieser Rechtsform eher abzuraten. Denn Gläubiger des Unternehmers können ohne Einschränkungen auch in das Privatvermögen des Unternehmers vollstrecken.

Wenn Sie beispielsweise eine Reitschule betreiben wollen und dafür die Schulpferde zur Verfügung stellen, dann sollten Sie sehr ernsthaft über eine andere Rechtsform nachdenken, die Ihre Haftung auf das Betriebsvermögen das von den Gesellschaftern eingebrachte Eigenkapital begrenzt. Denn bei Reitunfällen mit Personenschäden können existenzgefährdende Schadensersatzansprüche entstehen. Für eine solche Unternehmung wäre daher eine GmbH die geeignetere Rechtsform, weil sie die Haftung auf das Betriebsvermögen der Gesellschaft und das von den Gesellschaftern eingebrachte Eigenkapital begrenzt. Zwar ist es denkbar, das Risiko durch den Abschluss von Haftpflichtversicherungen abzudecken. Allerdings dürften die Versicherungsprämien dafür sehr hoch sein und damit einen erheblichen Teil des Gewinns auffressen. Auch deshalb könnte es unter dem Strich wirtschaftlich sinnvoller sein, das Haftungsrisiko mit einer GmbH zu begrenzen und auf den Abschluss von Versicherungen zu verzichten.

Ein Vorteil des einzelkaufmännischen Unternehmens ist, dass der administrative Aufwand für die Gründung und die laufende Verwaltung (Buchhaltung, Steuererklärungen) gering ist. Für die Gründung ist **keine** Eintragung ins Handelsregister erforderlich.

Die Buchhaltung des einzelkaufmännischen Unternehmens kann in Form einer sogenannten Einnahmenüberschussrechnung schlank gehalten werden. Erst wenn der jährliche Gewinn die Grenze von € 60.000 **oder** der jährliche Umsatz die Grenze von € 600.000 überschreitet, ist der Einzelunternehmer zur vollausgewachsenen Buchführung verpflichtet (Jahresabschluss mit Bilanz und Gewinn- und Verlustrechnung). Freiberufler (z.B. Rechtsanwälte, Architekten, Ärzte, Psychologen etc.) dürfen auch bei Überschreiten dieser Grenzen weiterhin eine Einnahmenüberschussrechnung machen und auf einen Jahresabschluss mit Bilanz und Gewinn- und Verlustrechnung verzichten.

Eine Einnahmenüberschussrechnung ist eine simple Saldierung von Zahlungsströmen im Geschäftsjahr. Es reicht für die Buchhaltung aus, dass Sie sämtliche geflossenen Einnahmen in einem Geschäftsjahr zu den geflossenen Ausgaben ins Verhältnis setzen und aus der Differenz Ihren Jahresüberschuss berechnen.

Eine Ausnahme hiervon bildet die Anschaffung von Anlagevermögen mit einem Anschaffungspreis von mehr als € 800 (netto). Solche Ausgaben dürfen im Jahr der Anschaffung nicht vollständig, sondern nur ratierlich in Höhe einer jährlichen Abschreibungsrate in die Einnahmenüberschussrechnung einfließen. Anschaffungen bis zu € 800 (netto) hingegen können sofort als Aufwand im Anschaffungsjahr abgezogen werden und wirken sich unmittelbar gewinnmindernd aus. Diese Grenze ist mit Wirkung zum 01.01.2018 von früher € 400 auf nun € 800 (netto) angehoben worden.[15]

Der mit der Einnahmenüberschussrechnung ermittelte Gewinn ist dann zusammen mit den sonstigen Einkünften des Unternehmers (z.B. aus Vermietung und Verpachtung) in der jährlichen Einkommensteuererklärung zu deklarieren. Dabei ist die Anlage G (Einkünfte aus Gewerbebetrieb) auszufüllen. Zusätzlich ist eine Gewerbesteuererklärung zu machen. Eine Ausnahme bilden die freien Berufe, die gewerbesteuerfrei ausgeübt werden können.

Für viele Tätigkeiten in der Rechtsform eines einzelkaufmännischen Unternehmens reicht eine Anmeldung

---

[15] Eine umfassende AfA-Tabelle mit den vorgeschriebenen Abschreibungszeiträumen finden Sie unter dem folgenden Kurzlink im Internet zum kostenlosen Download: https://goo.gl/yNSLTs

beim Gewerbeaufsichtsamt und beim Finanzamt aus. Etwas anderes gilt nur dann, wenn für die Ausübung ein berufsqualifizierender Abschluss erforderlich ist. Dann ist selbstverständlich auch dieser für die Gewerbeerlaubnis nachzuweisen. In bestimmten Branchen ist darüber hinaus noch ein sogenanntes Gesundheitszeugnis (Lebensmittelbranche) erforderlich und unter Umständen eine Schankerlaubnis (Gastwirtschaft).

II. Personengesellschaft (GbR, OHG und KG)

Wenn Sie das Unternehmen nicht allein betreiben können oder wollen, dann müssen Sie mit den anderen Mitunternehmern eine Gesellschaft gründen. Eine Gesellschaft ist ein Zusammenschluss mehrerer Personen zur Verfolgung eines gemeinsamen Zweckes. Der Kreis der Gesellschafter, der verfolgte Zweck und die Beitragspflichten der Gesellschafter werden im Gesellschaftsvertrag geregelt.

Dabei ist grundsätzlich zwischen Personengesellschaften einerseits und Kapitalgesellschaften andererseits zu unterscheiden. Zu den Personengesellschaften gehören die Gesellschaft bürgerlichen Rechts (GbR), die offene Handelsgesellschaft (OHG) und die Kommanditgesellschaft (KG). Zu den Kapitalgesellschaften gehören die Gesellschaft mit beschränkter Haftung (GmbH), die Aktiengesellschaft (AG) und die Genossenschaft (e.G).

Das gemeinsame Merkmal aller Personengesellschaften ist, dass die Gesellschafter persönlich für die Verbindlichkeiten der Gesellschaft haften und steuerrechtlich die Gewinne und Verluste der Gesellschaft direkt zugeordnet bekommen (sogenannte steuerliche Transparenz der Personengesellschaft). Das ist ein wesentlicher Unterschied zu den Kapitalgesellschaften (z.B. GmbH, AG), bei denen nur die Gesellschaft als solche direkt gegenüber den Gläubigern haftet und die Gewinne und Verluste steuerrechtlich zugerechnet bekommt.

Bei der GbR und bei OHG ist die Haftung der Gesellschafter für Verbindlichkeiten der Gesellschaft unbegrenzt. Bei der KG ist sie für die Kommanditisten begrenzt auf die Gesellschaftseinlage während sie für den Komplementär unbegrenzt ist. Kommanditgesellschaften werden häufig in der Form einer GmbH & Co. KG betrieben. Dabei übernimmt die GmbH die Rolle des unbegrenzt haftenden Komplementärs. So kann erreicht werden, dass der Vorteil der Haftungsbegrenzung mit den Eigenschaften einer Personengesellschaft kombiniert wird. Denn die Komplementär-GmbH bei der GmbH verfügt in der Regel über kein nennenswertes Vermögen und hat daher nur die Funktion, die anderen Gesellschafter (Kommanditisten) vor der unbegrenzten Haftung abzuschirmen.

Der Unterschied zwischen der GbR und der OHG besteht darin, dass eine OHG zwingend im Handelsregister eingetragen werden muss und die GbR nicht. Die OHG kann einen Firmennamen tragen während die GbR eine Geschäftsbezeichnung mit dem Zusatz der Namen der Gesellschafter und der Bezeichnung GbR tragen muss. Für ein Geschäftsmodell, bei dem die Außenwirkung wichtig ist, ist die GbR daher weniger geeignet, weil sie in der Wahrnehmung der Marktteilnehmer ein wenig wie die „kleine hässliche Schwester" der OHG wirkt.

Die OHG ist als im Handelsregister eingetragener Formkaufmann immer zur Bilanzierung verpflichtet. Eine GbR hingegen ist nur dann bilanzierungspflichtig, wenn sie die Gewinngrenze von jährlich € 60.000 **oder** die Umsatzgrenze von jährlich € 600.000 überschreitet und daher von der Finanzverwaltung zur Bilanzierung aufgefordert wird.[16] Werden diese Grenzen nicht gerissen, kann die GbR den Jahresüberschuss mit einer simplen Einnahmenüberschussrechnung ermitteln. Es gelten dafür die gleichen Regelungen und Grundsätze, die oben bei der Vorstellung des Einzelkaufmanns erklärt wurden.

Bei beiden Rechtsformen (GbR und OHG) haften die Gesellschafter im Außenverhältnis unbegrenzt gegenüber den Gläubigern der Gesellschaft und bei beiden werden Gewinne und Verluste direkt den Gesellschaftern zugerechnet und von diesen in der Einkommensteuererklärung deklariert.

---

[16] Das ist in § 141 Abgabenordnung (AO) geregelt.

III. GESELLSCHAFT MIT BESCHRÄNKTER HAFTUNG (GMBH)

Die Gesellschaft mit beschränkter Haftung (kurz: GmbH) ist in Deutschland die mit Abstand am häufigsten vorkommende Kapitalgesellschaft. Auch bei Neugründungen von Unternehmen wird sie gerne gewählt. Im Jahr 2016 sind 42 % aller Unternehmensgründungen in der Rechtsform der GmbH erfolgt.

Betriebsgründungen nach Rechtsformen 2016
in %

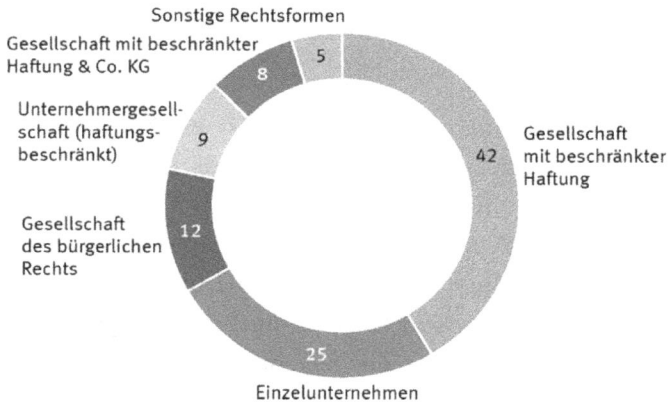

Sonstige Rechtsformen

Gesellschaft mit beschränkter Haftung & Co. KG — 8

5

Unternehmergesell-schaft (haftungs-beschränkt) — 9

Gesellschaft mit beschränkter Haftung — 42

Gesellschaft des bürgerlichen Rechts — 12

25

Einzelunternehmen

Abbildung 2: Bundesamt für Statistik, Statistischen Jahrbuch 2017, S. 524

Eine Kapitalgesellschaft ist etwas vollständig anderes als eine Personengesellschaft. Die Kapitalgesellschaft ist strikt separiert von den Gesellschaftern und eine eigene Rechtsperson. Die Haftung ist grundsätzlich auf das Gesellschaftsvermögen und das von den Gesellschaftern eingebrachte Eigenkapital beschränkt. Ein Durchgriff der Gläubiger auf die Gesellschafter wie bei der Personengesellschaft ist nicht möglich.

Die GmbH ist unabhängig von Umsatz- und Gewinngrenzen immer zur kaufmännischen Buchführung und damit zur Erstellung eines Jahresabschlusses mit Bilanz und Gewinn- und Verlustrechnung verpflichtet. Die Gründung der GmbH erfordert eine notarielle Beurkundung des Gesellschaftsvertrages und die Eintragung ins Handelsregister. Erst mit der Eintragung erlangt die GmbH rechtlich ihre Existenz mit allen spezifischen Eigenschaften einer Kapitalgesellschaft.

Für die Gründung einer GmbH ist ein Stammkapital in Höhe von mindestens € 25.000 erforderlich. Das Stammkapital kann entweder als Geld (Bargründung) eingebracht werden oder in Form von Gegenständen des Anlage- oder Umlaufvermögens, die auf die GmbH übertragen und damit Betriebsvermögen werden (Sachgründung). Bei einer Sachgründung müssen die eingebrachten Gegenstände mit ihrem Verkehrswert bewertet werden. Daher ist sie stets komplizierter, weil das Registergericht davon überzeugt werden muss, dass die eingebrachten Gegenstände zutreffend bewertet wurden und der Wert nicht nach oben frisiert ist. Deshalb ist die Bargründung in der Praxis die Regel und die Sachgründung die Ausnahme.

Eine jährliche Zurechnung von Gewinnen und Verlusten der Gesellschaft auf das steuerpflichtige Einkommen der Gesellschafter wie bei der Personengesellschaft findet bei der GmbH **nicht** statt. Die steuerliche Transparenz der GmbH als Kapitalgesellschaft fehlt. Die Gewinne und Verluste der GmbH werden vielmehr auf Ebene der Kapitalgesellschaft ermittelt und besteuert.

Bei der GmbH unterliegen die Gewinne der Körperschaftsteuer in Höhe von 15% und der Gewerbesteuer. Erst bei der Ausschüttung an die GmbH-Gesellschafter werden die Gewinne auch auf Ebene der Gesellschafter (ein zweites Mal) besteuert. Gewinnausschüttungen stellen beim Gesellschafter Einkünfte aus Kapitalvermögen dar, die mit dem Abgeltungssteuersatz in Höhe von pauschal 25% (zzgl. Solidaritätszuschlag = insgesamt 26,375%) besteuert werden.

Wenn die Gewinne der GmbH nicht an die Gesellschafter ausgeschüttet sondern thesauriert werden, dann sind sie auf Ebene der Gesellschafter **nicht** steuerpflichtig. Das sind entscheidende Unterschiede zur Personengesellschaft, die eine große Rolle spielen für die Steuerbelastung und die Rechtsformwahl eines Unternehmers.

Die jährliche Ausschüttung des Gewinns an die Gesellschafter ist nicht zwingend. Über die Verwendung des jährlichen Gewinns (Ausschüttung oder Thesaurierung) entscheidet die Gesellschafterversammlung der GmbH. Wir werden später noch anhand konkreter Berechnungen sehen, dass eine Thesaurierung der Gewinne bei der GmbH in der Regel steuerlich günstiger ist als die Ausschüttung an die Gesellschafter. In der Praxis erfolgt eine Gewinnentnahme bei der inhabergeführten GmbH daher eher über die Zahlung einer Geschäftsführervergütung als über eine Gewinnausschüttung.[17]

Die GmbH kann auch als sogenannte Einmann-GmbH gegründet werden. Sie hat dann nur einen einzigen Gesellschafter, der zugleich zum Geschäftsführer der GmbH bestellt wird. Auf den ersten Blick wirkt die Gründung einer Einmann-GmbH unsinnig, weil es ja nur einen Gesellschafter gibt und daher für die Organisation des Unternehmens keine komplexe Gesellschaftsstruktur erforderlich ist wie für den Fall der Beteiligung von mehreren Personen. Tatsächlich kann jedoch die Gründung einer Einmann-GmbH zur Haftungsbegrenzung und zur Reduzierung der Steuerbelastung sehr sinnvoll sein.

Seit 2008 gibt es noch eine kleine Form der GmbH, die lediglich € 1 Stammkapital erfordert.[18] Die Rede ist von der Unternehmergesellschaft (haftungsbeschränkt), die abgekürzt als UG bezeichnet wird. Der Volksmund bezeichnet diese auch als „Mini-GmbH" oder „1-€-GmbH". Die Gründungskosten bei der UG sind geringer als die Kosten einer GmbH-Gründung, die mit ca. € 1.000 zu Buche schlagen. Die UG genießt im Rechtsverkehr geringeres Ansehen als die GmbH und wird oft kritisch beäugt. Das ist wieder das

---

[17] Ich verweise dazu auf die Ausführungen in Kapitel D. III. 4.

[18] Das ist in § 5 GmbH-Gesetz geregelt.

Thema der „hässlichen kleinen Schwester", das wir oben bei der Abgrenzung der GbR von der OHG bereits hatten.

Der Gewinn einer UG wird genau wie bei einer GmbH zwingend durch Bilanzierung ermittelt. Es gibt insoweit keine Erleichterungen bei der Buchführung und der Steuer. Eine UG muss zwingend mindestens 25% des jährlichen Bilanzgewinns thesaurieren und in die Gewinnrücklagen einstellen, bis diese mindestens € 25.000 betragen. Eine UG kann später in eine GmbH umgewandelt werden.

Ich würde Ihnen von der Gründung einer UG statt einer ganz normalen GmbH abraten. Die Nachteile überwiegen die Vorteile. Außerdem ist zu bedenken, dass das Stammkapital von € 25.000 ja kein verlorenes Geld ist. Es kann von der GmbH verwendet werden und ist nicht etwa auf einem eingefrorenen Sperrkonto zu parken. Diese Vorstellung haben manche Gründer. Das geht jedoch an der Realität vorbei. Bei Lichte betrachtet ist es daher nicht richtig, dass bei Gründung einer GmbH **zusätzlich** € 25.000 Startkapital benötigt werden. Davon abgesehen sollte man bei einer Unternehmensgründung in der Lage und bereit sein, € 25.000 Startkapital aufzubringen.

IV. GMBH & CO. KG

Die GmbH & Co. KG ist eine Kombination aus Kapital-gesellschaft und Personengesellschaft. Sie ist im Grunde eine Kommanditgesellschaft (KG) mit einer Kapitalgesell-schaft als Vollhafterin (= Komplementärin). Dabei hat die GmbH die Funktion, die anderen Gesellschafter (= Kom-manditisten) vor einer unbegrenzten persönlichen Haftung mit dem Privatvermögen abzuschirmen und die Geschäfts-führung der KG zu übernehmen. Denn bei der Komman-ditgesellschaft muss notwendigerweise bei einem Gesell-schafter die Haftung unbegrenzt sein. Aus diesem Grund hat die Komplementär-GmbH bei der GmbH & Co. KG auch kein nennenswertes eigenes Vermögen bis auf die Mindeststammeinlage von € 25.000. Sie hält in der Regel nur einen mikroskopisch kleinen Anteil an der KG.

Dieses Konstrukt kombiniert die Eigenschaften der Personengesellschaft mit den Vorteilen der Haftungsbe-grenzung der Kapitalgesellschaft. Der Nachteil ist die kom-plizierte Struktur und die Notwendigkeit, sowohl für die GmbH als auch für die KG eine kaufmännische Buchfüh-rung zu machen und einen Jahresabschluss zu erstellen. Das ist ein deutlich höherer administrativer Aufwand als bei einer reinen GmbH oder bei einer reinen Personenge-sellschaft. Sowohl für die GmbH als auch für die KG müs-sen Steuererklärungen abgegeben werden, was den lau-fenden administrativen Aufwand nochmals erhöht. Die Gründungskosten sind ebenfalls höher als bei einer OHG oder einen GmbH. Daher wird diese Rechtsform von Kleingewerbetreibenden nur selten gewählt.

V. AKTIENGESELLSCHAFT (AG)

Schließlich gibt es noch die Aktiengesellschaft als mögliche Rechtsform für ein Unternehmen. Jeder kennt sie von der Börse. Eine Aktiengesellschaft entsteht genau wie die GmbH durch notarielle Beurkundung des Gesellschaftsvertrages und Eintragung ins Handelsregister. Das Mindeststammkapital der AG beträgt € 50.000. Die Besonderheit gegenüber der GmbH besteht darin, dass die Gesellschaftsanteile in Form von Aktien frei handelbar sind und bei entsprechender Registrierung an einer Börse täglich vom Markt bewertet werden.

Die Rechtsform der AG dient dazu, Unternehmen einen Zugang zum Kapitalmarkt zu verschaffen. Das erfolgt durch Platzierung der Gesellschaftsanteile an Börsen in Form von Aktien zur anonymen Einwerbung von Eigenkapital in großem Stil. Die tägliche Bewertung der börsennotierten Aktien und die Bereitstellung der Börse als Handelsplatz sichert die jederzeitige Verkäuflichkeit der Aktien und steigert damit die Bereitschaft von Anlegern, diese zu kaufen. Die Anteile an einer GmbH hingegen sind **nicht** frei handelbar. Für die Übertragung eines GmbH-Anteils ist (anders als bei Aktien) die notarielle Beurkundung vorgeschrieben.[19]

---

[19] Das ist in § 15 GmbH-Gesetz geregelt. Häufig regelt der Gesellschaftsvertrag der GmbH darüber hinaus das Erfordernis der Zustimmung aller anderen Gesellschafter zur Übertragung eines Gesellschaftsanteils.

Die Rechnungslegungsvorschriften und formalen Anforderungen sind zum Schutz der Aktionäre bei einer AG entsprechend hoch. Der Jahresabschluss muss zusätzliche Berichtsbestandteile enthalten wie z.B. den Lagebericht und es ist mindestens einmal jährlich eine Hauptversammlung der Aktionäre durchzuführen, in der der Vorstand der AG Rechenschaft ablegt und Beschlüsse gefasst werden.

Die Besteuerung findet auf Ebene der AG statt in Form einer Körperschaftssteuer und einer Gewerbesteuer. Nur die an die Gesellschafter ausgeschütteten Gewinne werden auch auf Ebene der Aktionäre besteuert mit der Abgeltungssteuer (pauschal 25% zzgl. Solidaritätszuschlag). Gewinnausschüttungen werden bei der AG als Dividenden bezeichnet.

Wegen des erheblichen Gründungsaufwandes und wegen des großen laufenden, administrativen Aufwandes kommt die Rechtsform der AG nur im Ausnahmefall für eine Unternehmensneugründung zum Einsatz.

G. STEUERLICHE FOLGEN DER RECHTSFORMWAHL

Die Rechtsformwahl hat nicht nur Auswirkungen auf die Haftungsbegrenzung und auf den Marktauftritt eines Unternehmens, sondern beeinflusst auch maßgeblich die Steuerbelastung der unternehmerischen Tätigkeit. Selbstverständlich sollten Sie als Unternehmer das Ziel verfolgen, nicht mehr Steuern zu bezahlen als erforderlich. Das ist jedoch leichter gesagt als getan.

Viele Existenzgründer wissen nicht viel über das Steuerrecht und machen daher den Fehler, nicht weiter darüber nachzudenken und planlos als einzelkaufmännischer Unternehmer zu starten. Dabei wäre in vielen Fällen die GmbH die bessere Wahl. Und das gilt nicht nur für die Erzielung eines seriösen Marktauftrittes. Tatsächlich kann man mit der GmbH nicht nur eine Haftungsbegrenzung auf das Betriebsvermögen erreichen, sondern auch sehr effizient die Steuerbelastung senken.

In meinem Buch „**Rechtsformwahl für Selbständige & Existenzgründer: Mit optimaler Rechtsform Haftung begrenzen, Steuerbelastung senken und Gewinn steigern**" rechne ich Ihnen konkret vor, dass Sie mit einer GmbH im Vergleich zu einem einzelkaufmännischen Unternehmen bereits ab einem Jahresgewinn von jährlich € 100.000 die Steuerbelastung nahezu halbieren können.[20] Bei höheren Gewinnen fällt der Steuerspareffekt sogar noch deutlicher aus.

Die GmbH bringt darüber hinaus auch bei der steueroptimierten Altersvorsorge eines Unternehmers beachtliche Vorteile. Wenn der Geschäftsführer der GmbH sozialversicherungsrechtlich als selbständig eingestuft werden kann, kann eine Rentenversicherungspflicht vermieden werden. Das ist bei sogenannten beherrschenden Geschäftsführern der Fall.[21] Dann kann man noch eine weitere Steuersparmöglichkeit nutzen: Die Pensionszusage der GmbH an den Geschäftsführer.[22] Das ist eine wirklich intelligente Kombination von Altersvorsorge mit einem Steuersparinstrument. Die Details finden Sie in meinem Buch „**Rechtsformwahl für Selbständige & Exis-**

---

[20] Ich verweise dazu auf mein Buch „**Rechtsformwahl für Selbständige & Existenzgründer: Mit optimaler Rechtsform Haftung begrenzen, Steuerbelastung senken und Gewinn steigern**" (bei Amazon aufzufinden unter dem folgenden Link: https://amzn.to/2UBF2Z6).

[21] Ein Geschäftsführer gilt in jedem Fall dann als beherrschend, wenn er mindestens 50 % der Anteile der GmbH hält. Auch bei einer Beteiligung von weniger als 50% kann ein Gesellschafter-Geschäftsführer beherrschend sein. Das ist z.B. der Fall, wenn er gleichgerichtete Interessen mit einem anderen Gesellschafter hat (z.B. Ehepartner oder Lebenspartner) und mit diesem zusammen über mehr als 50% der Anteile und ein entsprechendes Stimmengewicht in der Gesellschafterversammlung verfügt.

[22] Die Pensionsrückstellung ist in § 8 KStG in Verbindung mit § 6a EStG geregelt.

tenzgründer: Mit optimaler Rechtsform Haftung begrenzen, Steuerbelastung senken und Gewinn steigern" ausführlich beschrieben.

Gerade bei einer Existenzgründung mit mehreren Gründern bietet sich die GmbH als Rechtsform an. Die Alternative wäre die oben beschriebene Gesellschaft bürgerlichen Rechts (kurz: GbR). Diese weist jedoch als Personengesellschaft steuerrechtliche Nachteile auf und ist darüber hinaus ungeeignet, eine Haftungsbegrenzung für die Gesellschafter zu bewerkstelligen.

Natürlich ist die Gründung einer GmbH mit mehr Aufwand verbunden und auch die laufende Buchhaltung und die Steuererklärungen sind komplizierter. Machen Sie bitte trotzdem nicht den Fehler, zu schnell der Versuchung zu erliegen, bei der Gründung den Weg des geringsten Widerstands zu gehen. Auf lange Sicht bereuen viele Gründer, dass sie nicht von Anfang an eine GmbH gegründet haben. Ich habe mehr als einmal in enttäuschte und verärgerte Gesichter geschaut, wenn ich Ratsuchenden vorgerechnet habe, wie viel Steuern sie mehr bezahlt haben, weil sie erst im 3. Jahr nach der Existenzgründung zur Rechtsform der GmbH gewechselt sind.

Leider gibt es im Steuerrecht auch viele gefährliche Riffe und Untiefen. Es stellt nur eine geringe Übertreibung dar, wenn man feststellt, dass das Steuerrecht „komplett vermintes Gebiet" für den unbedarften Steuerzahler im Allgemeinen und für den Unternehmensgründer im Besonderen ist. Es sind manchmal kleine Dinge, die über die Höhe der Steuerlast entscheiden. Insbesondere der Wechsel der Rechtsform (z.B. vom einzelkaufmännischen Unternehmen zur GmbH) ist gefährliches Terrain, weil ungewollt sogenannte „stille Reserven" aufgedeckt werden können, die sofort sehr hohe Steuerforderungen des Finanzamtes auslösen.

Weil diese Themen hochkomplex sind und nicht im Vorbeigehen zwischen „Tür und Angel" auf wenigen Seiten erklärt werden können, habe ich der Materie ein gesamtes Buch gewidmet, in dem die ich alles Schritt für Schritt erkläre, so dass auch steuerrechtliche Laien gut folgen können.[23]

Ein steuerrechtliches Grundverständnis ist für einen erfolgreichen Unternehmer unverzichtbar. Denn leider lehrt die Erfahrung, dass viele Steuerberater nur eine sehr oberflächliche Beratung machen und komplexere Steuersparmodelle für Unternehmer häufig nicht ansprechen. Das hängt auch mit der Angst zusammen, für das Beratungshonorar zu viel arbeiten zu müssen oder sich gar schadensersatzpflichtig zu machen wenn etwas schief läuft. Sie sollten daher unbedingt ein eigenes Grundverständnis erlangen, um einschätzen zu können, ob Ihr Berater wirklich alle Register zieht oder etwas verschweigt. Auch dazu dient mein weiteres Buch.

---

[23] Die Details und Hintergründe können Sie in meinem Buch **„Rechtsformwahl für Selbständige & Existenzgründer: Mit optimaler Rechtsform Haftung begrenzen, Steuerbelastung senken und Gewinn steigern"** (bei Amazon aufzufinden unter dem folgenden Link: https://amzn.to/2UBF2Z6) nachlesen.

H. STRATEGISCHE PARTNER & BERATER (SCHRITT 5)

Ein kluger Unternehmer weiß, dass er selbst nicht alles weiß und nicht alles kann. Selbst wenn jemand ein Allroundtalent ist und sich sowohl mit rechtlichen als auch finanziellen Fragen bestens auskennt, ist es gleichwohl nicht sinnvoll, alles selbst zu machen.

Was Sie auf jeden Fall selbst tun müssen und keinesfalls delegieren können, ist das Fällen von Entscheidungen. Insbesondere ängstliche Menschen neigen dazu, Entscheidungen auf andere zu delegieren, um möglichst wenig Verantwortung zu tragen und vielleicht auch, um einen Sündenbock zu haben, wenn es nicht wunschgemäß läuft. Eine derartige Denkweise ist weder hilfreich noch zielführend für einen Unternehmer. Denn zum ersten müssen Sie die Konsequenzen der Entscheidungen ohnehin selbst tragen. Und zum zweiten ist es gar nicht möglich, weitreichende Entscheidungen auf andere zu delegieren. Daher sollte für Sie von Anfang an klar sein, dass Sie im Zentrum des Geschehens stehen und die Entscheidungen treffen.

Sie sollten ein Netzwerk von Beratern und Dienstleistern so aufbauen und führen, dass die Fäden bei Ihnen zusammenlaufen. Wenn Sie das nicht wollen und lieber hinter einem Berater herlaufen, der möglichst alle Entscheidungen für Sie trifft, dann ist das ein starkes Indiz dafür, dass Sie als Unternehmer wahrscheinlich nicht glücklich werden.

Im Normallfall können Sie nicht alles selbst erledigen, weil Ihnen dazu schlicht und einfach die Zeit fehlt. Außerdem müssen Sie mit Ihrer Zeit ökonomisch und intelligent umgehen. Ihre Zeit als Unternehmer ist wertvoll und sollte in erster Linie für die entscheidenden Weichenstellungen und für die Steuerung des Unternehmens eingesetzt werden. Darüber hinaus gibt es weitere gute Gründe, strategische Partner und Berater einzubinden. Sie können so externes Wissen nutzen, über das Sie selbst nicht verfügen. Es ist ein wenig wie Schach spielen. Jede Art von Figuren auf dem Brett kann etwas, das andere Figuren nicht können und jede Figur ist dann am wertvollsten, wenn sie zur richtigen Zeit auf dem richtigen Feld steht und den richtigen Zug macht. Sie sind dabei als Unternehmer der Schachspieler, der die Figuren bewegt und den strategischen Masterplan im Kopf haben muss.

Nachdem Sie nun erfahren haben, dass ein Netzwerk von Beratern und Dienstleistern für einen Unternehmer sinnvoll und nützlich ist, stellt sich die nächste Frage: Welche Berater und Dienstleister brauchen Sie und wie wählen Sie diese aus.

I. IMMOBILIENMAKLER

Wenn Sie für die Umsetzung des Geschäftsmodells Gewerbeflächen benötigen, dann stellt sich für Sie natürlich die Frage, wie Sie an solche herankommen. Schnell werden Sie dann auf Angebote von Immobilienmaklern stoßen. Makler sind Zuträger von Angeboten und spielen darüber hinaus eine wichtige Rolle bei der Verhandlung des Mietvertrages oder des Kaufvertrages über Immobilien.

Darüber hinaus können Makler wertvolle Informationsquellen sein. Große Maklerbüros veröffentlichen z.B. Statistiken und interessante Informationen zur allgemeinen Marktlage und zu Teilmärkten. Nach meiner Einschätzung ersetzt ein Makler als Informationsquelle aber keinesfalls eigene sorgfältige Prüfungen unter Auswertung aller verfügbaren Angebote für die Anmietung oder den Kauf einer Gewerbeimmobilie.

Sie sollten sich darüber im Klaren sein, welche rechtlichen Verpflichtungen Sie eingehen, wenn Sie bei der Suche nach einer Immobilie für Ihr Unternehmen Kontakt zu Maklern aufnehmen und deren Leistungen in Anspruch nehmen. Daher möchte ich Sie im Schnelldurchlauf über das Immobilienmaklerrecht informieren: Ein Maklervertrag kann formlos geschlossen werden, sollte aber zu Beweiszwecken besser schriftlich fixiert werden. In der Praxis kommt der Vertrag mit dem Kaufinteressenten einer Immobilie in der Regel dadurch zustande, dass der Makler ein Exposé oder einen Objektnachweis zur Verfügung

stellt und darin seine Provision angegeben ist. Der Immo-
bilieninteressent nimmt den Maklervertrag an, indem er
einen Objektnachweis unterzeichnet oder durch schlüssi-
ges Verhalten indem er das Exposé entgegennimmt und
sich die Leistungen des Maklers widerspruchslos gefallen
lässt. Sie müssen also als Käufer in aller Regel dann eine
Maklerprovision zahlen, wenn Sie den Erstkontakt zu dem
Verkäufer über einen Makler erhalten haben und der
Kaufvertrag über die Immobilie später wirksam geschlossen wird.

Ist Ihnen das Objekt beim ersten Kontakt mit einem
Makler bereits aus anderen Quellen bekannt, so sollten Sie
das sofort mitteilen und auch schriftlich gegenüber dem
Makler dokumentieren. Anderenfalls laufen Sie Gefahr,
(auch) von diesem Makler auf die Provision in Anspruch
genommen zu werden, wenn der Kaufvertrag später geschlossen wird. Unter Umständen müssen Sie sogar mehrere Maklerprovisionen zahlen, wenn Sie zu mehreren
Maklern Kontakt hatten, die ein und dasselbe Objekt vermarkten. Denn für die Entstehung der Maklerprovision
reicht die Mitursächlichkeit des Nachweises eines Maklers
für das Zustandekommen eines Immobilienkaufvertrages
aus. Eine Nachlässigkeit Ihrerseits kann daher sehr teuer
werden, wenn Sie über ein Objekt von mehreren Maklern
Informationen erhalten haben und nicht nachweisen können, dass Sie weitere Makler umgehend über Ihre bereits
vorhandene Objektkenntnis informiert haben. Dokumentieren Sie daher sorgfältig, mit welchen Maklern Sie Kontakt hatten, wenn die Objekte ernsthaft in Frage kommen.
Bei nicht in Frage kommenden Objekten können Sie sich

diese Mühe sparen, weil eine Maklerprovision grundsätzlich nur dann entstehen kann, wenn ein Kaufvertrag geschlossen wird. Bei offensichtlich unpassenden Objekten besteht daher für Sie keine Gefahr der Inanspruchnahme auf Provisionszahlung durch einen oder mehrere Makler, weil ja feststeht, dass Sie keinesfalls einen Kaufvertrag unterschreiben werden.

Die Höhe der Maklerprovision kann im Prinzip verhandelt werden, auch wenn sich das in der Praxis schwierig darstellt. Es gibt keine gesetzliche Vorschrift, die die Provision auf einen bestimmten Prozentsatz festlegt. Wenn keine Verhandlungen stattfinden und der Kaufvertrag geschlossen wird, fällt die Maklergebühr in der Höhe an, in der der Makler diese in dem Exposé angegeben hat. Die übliche Spanne reicht von 3% bis 7% des Kaufpreises.

Bei Maklerleistungen zur **Anmietung einer Gewerbeimmobilie** wird die Provision zumeist in einem Vielfachen der monatlichen Nettokaltmiete bemessen. Bitte bedenken Sie, dass das sogenannte Bestellerprinzip (der Vermieter als Auftraggeber zahlt den Makler und nicht der Mieter) nur bei der Anmietung von Wohnraum und nicht bei der Anmietung von Gewerbeimmobilien gilt. Auch die für die Wohnraumvermietung geregelte Deckelung der Maklerprovision auf 2 Monatskaltmieten gilt **nicht** für den Nachweis von Gewerbemietverträgen. Der Makler kann daher auch mehr als 2 Monatskaltmieten Vermittlungsprovision wirksam mit Ihnen vereinbaren und von Ihnen fordern.

Nicht selten arbeitet der Makler für beide Vertragsparteien, was § 654 BGB zulässt, sofern es nicht dem Inhalt des konkret vereinbarten Maklervertrages zuwiderläuft. Der Umstand, dass der Makler sich als solcher des Verkäufers oder Vermieters ausgibt, schützt Sie also nicht vor der Inanspruchnahme auf Zahlung einer Maklerprovision als Käufer oder Mieter einer Gewerbeimmobilie.

II. BANKEN

Ausweislich des KfW-Gründungsmonitors 2018 benötigten im vorangegangenen Jahr 60% aller Existenzgründer ein Darlehen, weil das vorhandene Eigenkapital nicht ausreichte.[24] Die Bank ist ein sehr wichtiger Partner für Existenzgründer. Denn die Bank ist die Geldquelle, die Ihnen überhaupt ermöglicht, ein größeres Rad zu drehen und eine kapitalaufwendige Unternehmensgründung durchzuführen.

Ich ahne, dass Sie bereits darauf warten, was ich Ihnen zu der Rolle der Bank als Berater des Existenzgründers zu sagen habe. Ich habe dazu in der Tat etwas zu sagen. Denn schließlich war ich selbst mehr als 14 Jahre lang als Syndikusrechtsanwalt in der Rechtsabteilung einer Bank tätig und kenne daher die Denke von Banken sehr gut. Wenn Sie eine oder mehrere Banken für Ihre Existenzgründung ins Boot holen wollen, dann müssen Sie lernen, wie eine Bank zu denken. Das erleichtert vieles.

Bisher haben Sie die Bank vielleicht eher als ein notwendiges Übel angesehen. Das mag auch damit zusammenhängen, dass die Bank Sie hohe Darlehenszinsen zahlen lässt und Ihnen nur mikroskopisch kleine Guthabenzinsen zahlt und Sie darüber hinaus vielleicht noch „nach Strich und Faden" durchleuchtet hat, weil Sie einen Auto-

---

[24] Ich verweise dazu auf den KfW Gründungsmonitor 2018, den Sie unter dem folgenden Kurzlink im Internet kostenlos herunterladen können: https://goo.gl/Gjipps

kredit oder einen Kredit für den Kauf einer selbst genutzten Immobilie brauchten.

Als angehender Unternehmer sollten Sie sich möglichst zügig von dieser Perspektive verabschieden und einen klügeren und reiferen Standpunkt einnehmen: Ab heute ist eine Bank nicht mehr Ihr Feind, sondern vielmehr Ihr strategischer Partner, der Ihnen nicht nur Geld gibt für die Existenzgründung, sondern auch noch ein kostenloses Risikomanagement drauflegt. Ich schreibe das nicht, um Sie zu manipulieren oder Werbung für Banken zu machen. Ich schreibe das, weil es aus der Perspektive eines Existenzgründers eine exakte Beschreibung der Realität darstellt. Ich ahne, dass Sie skeptisch und noch nicht ganz überzeugt sind. Daher möchte ich Ihnen diese neue Perspektive im Folgenden weiter erklären: Die Bank ist von Gesetzes wegen verpflichtet, die mit einer Darlehensvergabe verbundenen Risiken zu steuern. Dazu hat sie interne Prozesse implementiert, um die Kreditwürdigkeit ihres Kunden einzustufen. Darüber hinaus stuft sie auch die Kreditwürdigkeit einer geplanten Investition ein. Das bedeutet, dass die Bank genau wissen möchte, ob eine geplante Unternehmensgründung hinreichende Erträge abwirft, um daraus die Darlehensraten zu bestreiten und das Darlehen schließlich vollständig zurückzuzahlen. Ist Ihnen etwas aufgefallen? Das sind doch die gleichen Fragen, die Sie sich als angehender Unternehmer stellen müssen! Auch für Sie als Existenzgründer ist doch kriegsentscheidend, dass das Unternehmen genügend Erträge abwirft und profitabel ist. Lediglich die Motivation der Bank ist eine andere. Aber inhaltlich ändert das nichts daran, dass die

Fragestellungen mehr oder weniger deckungsgleich sind. Bei Lichte betrachtet stellt der Prüfprozess der Bank daher für Sie eine Serviceleistung zur Erlangung von mehr Sicherheit dar. Diese Prüfung hat für Sie insbesondere deshalb einen echten Wert, weil Sie eine externe und objektive „Hausaufgabenüberwachung" zur Abschätzung des Risikos der geplanten Existenzgründung geschenkt bekommen. Denn wenn Sie die Bank nicht von Ihrer Geschäftsidee überzeugen können, dann sollte das für Sie selbst ein Alarmsignal sein, dass Sie etwas übersehen haben oder die Lage zu optimistisch einschätzen.

Für einen möglichst überzeugenden Auftritt bei Ihrer Bank sollten Sie vor dem ersten Gespräch auf jeden Fall die Unterlagen zusammentragen, die immer benötigt werden. Dazu gehört selbstverständlich ein aussagekräftiger und detaillierter Businessplan. Ich verweise dazu auf die ausführlichen Erklärungen weiter oben im Kapitel E. Darüber hinaus müssen Sie der Bank eine Aufstellung Ihres gesamten Vermögens und Ihrer Einnahmen, Ausgaben und Verbindlichkeiten vorlegen.

III. Rechtsanwälte

Die Gründung eines Unternehmens ist ein komplexer Vorgang. Sie müssen dabei viele rechtlich geprägte Themen abarbeiten und diverse Verträge abschließen. Beispielhaft sei der Vertrag zur Anmietung von Gewerbeflächen erwähnt. Das ganze müssen Sie so organisieren, dass die Verträge in der richtigen Reihenfolge und zur richtigen Zeit geschlossen werden können, damit Sie nicht in Schadensersatzansprüche hineinlaufen, wenn die Existenzgründung (z.b. wegen fehlender Finanzierung) scheitert.

Sie können natürlich versuchen, all diese Aufgaben selbst zu bewältigen und auf die Einholung von Rechtsrat verzichten, um Kosten zu sparen. Wenn Sie zufälligerweise selbst Jurist sind, ist das sicherlich eine durchaus vertretbare Vorgehensweise. Wenn es jedoch später Probleme gibt, weil Sie etwas übersehen haben, dann wird Ihnen erfahrungsgemäß später eingeholter Rechtsrat nicht mehr helfen können, den Schaden abzuwenden, weil die Verträge bereits abgeschlossen worden sind. Bestenfalls können Sie dann noch den Schaden begrenzen. Insbesondere bei Mietverträgen und Arbeitsverträgen steckt der Teufel im Detail.

Wichtig ist dabei, dass Sie einen Rechtsanwalt wählen, der etwas von der relevanten Rechtsmaterie versteht und sich nicht erst einarbeiten muss, wenn Sie ihm eine Frage stellen. Wenig hilfreich sind zudem Auskünfte von Rechtsanwälten, die besagen, dass es so oder so sein könnte und man nichts Genaues abschließend und verbindlich sagen kann. Solche Auskünfte sind leider keine Seltenheit bei Juristen. Sie brauchen aber eine echte Entscheidungshilfe und keine vage Beleuchtung von unzähligen Problemherden, die theoretisch denkbar sind, aber praktisch keine nennenswerte Relevanz haben.

Moderne Rechtsanwälte arbeiten per E-Mail und Telefon. Ich jedenfalls sehe keinen Nährwert darin, mich ins Auto zu setzen, um zu einer Anwaltskanzlei zu fahren, dort im Wartezimmer der Kanzlei noch eine weitere halbe Stunde Zeit zu verlieren, nur um am Ende des Tages dem Rechtsanwalt die Hand zu schütteln und in einem bibliotheksähnlichen Büro in einem Designersessel Platz zu nehmen. Daher ist es völlig in Ordnung, wenn der Rechtsanwalt Sie telefonisch und per E-Mail „verarztet" und keine Präsenztermine durchführt.

Ich rate zur Vorsicht bei Rechtsanwälten, die bei Gründertagen von IHK's und bei Existenzgründerseminaren auftauchen, um gezielt Existenzgründer als Mandanten zu gewinnen. Nicht selten handelt es sich dabei um verzweifelte Junganwälte, die wenig Erfahrung haben und dringend Mandanten suchen. Es ist besser investiertes Geld, erfahrene Anwälte und Spezialisten auf den relevanten Rechtsgebieten (z.B. Fachanwälte für Mietrecht oder Fachanwälte für Steuerrecht) zu engagieren.

IV. STEUERBERATER & BUCHHALTUNG

Nach meiner Einschätzung sind die steuerrechtlichen Fragen bei einer unternehmerischen Tätigkeit außerordentlich komplex. Das gilt insbesondere dann, wenn Sie die Rechtsform einer Kapitalgesellschaft (z.B. GmbH oder AG) wählen und die Funktion des Geschäftsführers oder Vorstands bekleiden. Die Rechtsformwahl hat nicht nur Auswirkungen auf die Haftungsbegrenzung und auf den Marktauftritt eines Unternehmens, sondern beeinflusst auch maßgeblich die Steuerbelastung der unternehmerischen Tätigkeit.

Weil steuerrechtliche Fragen hochkomplex sind und nicht im Vorbeigehen zwischen „Tür und Angel" auf wenigen Seiten erklärt werden können, habe ich der Materie ein gesamtes Buch gewidmet, in dem die ich alles Schritt für Schritt erkläre, so dass auch steuerrechtliche Laien gut folgen können.[25] In meinem Buch „**Rechtsformwahl für Selbständige & Existenzgründer: Mit optimaler Rechtsform Haftung begrenzen, Steuerbelastung senken und Gewinn steigern**" rechne ich Ihnen konkret vor, dass Sie mit einer GmbH im Vergleich zu einem einzelkaufmännischen Unternehmen bereits ab einem Jah-

---

[25] Die Details und Hintergründe können Sie in meinem Buch „**Rechtsformwahl für Selbständige & Existenzgründer: Mit optimaler Rechtsform Haftung begrenzen, Steuerbelastung senken und Gewinn steigern**" (bei Amazon aufzufinden unter dem folgenden Link: https://amzn.to/2UBF2Z6) nachlesen.

resgewinn von jährlich € 100.000 die Steuerbelastung nahezu halbieren können.[26] Bei höheren Gewinnen fällt der Steuerspareffekt sogar noch deutlicher aus.

Ein steuerrechtliches Grundverständnis ist für einen erfolgreichen Unternehmer unverzichtbar. Denn leider lehrt die Erfahrung, dass viele Steuerberater nur eine sehr oberflächliche Beratung machen und komplexere Steuersparmodelle für Unternehmer häufig nicht ansprechen. Das hängt auch mit der Angst zusammen, für das Beratungshonorar zu viel arbeiten zu müssen oder sich gar schadensersatzpflichtig zu machen wenn etwas schief läuft.

Ob Sie einen Steuerberater einschalten sollten, um administrative Aufgaben wie Buchhaltung, Lohnbuchhaltung, Umsatzsteuervoranmeldungen und Einkommensteuererklärungen erledigen zu lassen, dürfte auch davon abhängen, wie komplex und zeitaufwendig diese Aufgaben sind. Wenn Sie beispielsweise ein Kleinunternehmer und daher nicht verpflichtet sind, Umsatzsteuer auszuweisen, dann sind die Aufgaben der Buchhaltung und der Steuererklärungen sehr überschaubar. Das gilt insbesondere dann, wenn Sie keine Mitarbeiter beschäftigen und dann auch keine Lohnbuchhaltung machen müssen. Von der Umsatzsteuerpflicht befreiter Kleinunternehmer in diesem Sinne sind Sie dann, wenn der Umsatz im laufenden Kalenderjahr die Grenze von € 17.500 (netto) nicht über-

---

[26] Das Buch finden Sie bei Amazon unter dem folgenden Link: https://amzn.to/2UBF2Z6).

schreitet und im nächsten Kalenderjahr voraussichtlich die Grenze von € 50.000 (netto) nicht überschreiten wird.[27] In einem solchen Fall kann es durchaus sinnvoll sein, die Buchhaltung in Form einer schlanken Einnahmenüberschussrechnung und die Erstellung der Einkommensteuererklärung (Anlage G) selbst zu erledigen und nicht auszulagern. Die Umsatzsteuervoranmeldungen und die Jahresumsatzsteuererklärungen sind bei Kleinunternehmern nicht erforderlich, so dass es tatsächlich ein sehr überschaubarer Aufwand ist, die Buchhaltung und Steuererklärungen selbst zu erledigen.

Ganz anders sieht es bei solchen Unternehmern aus, die zwingend einen Jahresabschluss (Bilanz und Gewinn- und Verlustrechnung) erstellen müssen. Das ist z.B. bei Unternehmen in der Rechtsform einer GmbH unabhängig von Umsatz- und Gewinngrenzen immer der Fall. Dann kann es sehr sinnvoll sein, die Buchhaltung und die Steuererklärungen auszulagern und auf einen Steuerberater zu übertragen. Denn diese Aufgaben können sehr zeitraubend sein, wenn man das zum ersten Mal für ein Unternehmen macht. Außerdem sind Steuererklärungen für Unternehmen deutlich komplizierter als die Steuererklärung, die Sie bisher als angestellter Arbeitnehmer gemacht haben.

Wenn Sie sich entschließen, die Buchhaltung nicht auszulagern, dann sollten Sie auf jeden Fall mit einer Buchhaltungssoftware arbeiten, um diese Arbeit zu rationalisieren. Bekannte Anbieter entsprechender Software

---

[27] Ich verweise dazu auf § 19 Umsatzsteuergesetz (UStG).

sind die Unternehmen Sage, Lexware und DATEV. Moderne Computerprogramme verfügen in aller Regel auch über die erforderlichen Schnittstellen, um direkt aus dem Programm heraus Umsatzsteuervoranmeldungen elektronisch an das Finanzamt zu übermitteln. Bei entsprechend mächtigen Programmen kann auch ein Jahresabschluss per Knopfdruck erstellt und in elektronischer Form an das Finanzamt übermittelt werden. Seit dem Jahr 2013 sind sämtliche bilanzierungspflichtigen Unternehmen verpflichtet, den Jahresabschluss in einem vorgeschriebenen elektronischen Format (sogenannte e-Bilanz) an die Finanzverwaltung zu übermitteln. Achten Sie daher darauf, dass die Software über eine entsprechende Schnittstelle verfügt. Sonst kann es auf der Zielgeraden hakelig und noch einmal sehr zeitraubend werden. Die Finanzverwaltung kennt kein Pardon. Sie wird keine Ruhe geben, bis Sie den Jahresabschluss im vorgeschriebenen Format übermittelt haben.

V. UNTERNEHMENSBERATER

Das Berufsbild des Unternehmensberaters ist sehr vielschichtig, um nicht zu sagen schillernd. Es handelt sich nicht um einen geschützten Begriff. Im Prinzip kann sich jeder „Unternehmensberater" nennen. Es gibt keine fachlichen Anforderungen und keine Verpflichtungen, Sachkunde oder Qualifikationen nachzuweisen. Ich rate daher zur Vorsicht, wenn Sie in Erwägung ziehen, einen Unternehmensberater zu engagieren. Gerade in der Existenzgründungsphase bringt die Einschaltung weniger Vorteile, weil viele Unternehmensberater eher „visionär" und nicht in den Niederungen der alltäglichen Probleme und praktischen Lösungen unterwegs sind.

Für einen Existenzgründer ist es wichtig, von Anfang an zu lernen, dass er selbst das gesamte Geschehen steuern muss. Daher spricht einiges dafür, zunächst eigene Planungen zu machen und allenfalls in der Endphase einen kritischen Qualitätscheck durch einen Unternehmensberater durchzuführen zu lassen.

Schließlich gibt es auch kostenfreie Beratungsangebote, die ich Ihnen weiter unten im Kapitel J. vorstelle. Diese kostenlosen Angebote aus der Förderbankenlandschaft sowie von Industrie- und Handelskammern (z.B. zur Prüfung eines Businessplans) sind häufig nicht schlechter als die hochpreisigen Beratungsleistungen von Unternehmensberatern. Ich würde Ihnen daher empfehlen, zunächst alle kostenlosen Beratungsangebote abzugrasen und erst ganz zum Schluss die Frage aufzuwerfen, ob Sie als „letzte Instanz" noch einmal einen professionellen und kostenpflichtigen Unternehmensberater konsultieren wollen.

J. FINANZIERUNG & STAATLICHE FÖRDERUNG DER EXISTENZGRÜNDUNG (SCHRITT 6)

Selbstverständlich benötigt man für eine Existenzgründung Geld. Bei kapitalintensiven Geschäftsmodellen oder fehlendem Eigenkapital bleibt in der Regel nichts anderes übrig, als sich auf die Suche nach Geldgebern zu machen. Ausweislich des KfW-Gründungsmonitors 2018 benötigten im vergangenen Jahr 60% aller Existenzgründer ein Darlehen, weil das vorhandene Eigenkapital nicht ausreichte.[28]

Zu den Darlehensgebern gehören natürlich klassische Banken und Sparkassen. Darüber hinaus gibt es staatliche Förderbanken, die Existenzgründern gezielt mit zinsgünstigen Darlehen und Zuschüssen unter die Arme greifen. Wenn die Existenzgründung aus der Arbeitslosigkeit heraus erfolgt, besteht zudem die Möglichkeit, einen Gründungszuschuss bzw. das sogenannte Einstiegsgeld in Anspruch zu nehmen, so dass in der Gründungsphase der Lebensunterhalt gesichert ist.

In diesem Kapitel werde ich Ihnen die verschiedenen Möglichkeiten vorstellen, staatliche Fördertöpfe für die Existenzgründung anzuzapfen.

---

[28] Ich verweise dazu auf den KfW Gründungsmonitor 2018, den Sie unter dem folgenden Kurzlink im Internet kostenlos herunterladen können: https://goo.gl/Gjipps

I. NICHT RÜCKZAHLBARE ZUSCHÜSSE & SACHLEISTUNGEN

Die attraktivste Form der öffentlichen Förderung sind nicht rückzahlbare Zuschüsse für Ausgaben, die im Zusammenhang mit der Existenzgründung stehen. Das sind praktisch zweckgebundene Geldschenkungen der öffentlichen Hand an den Gründer.[29]

Sachleistungen mit einem ähnlichen Charakter sind die Existenzgründungsberatungen durch Industrie- und Handelskammern oder Förderbanken und weitere staatliche Institutionen. Beispielhaft möchte ich an dieser Stelle die kostenlosen Beratungsleistungen für Existenzgründer durch sogenannte Startcenter in Nordrhein-Westfalen erwähnen.[30] Da diese Leistungen entweder kostenlos sind oder bezuschusst werden, kann es nicht schaden, diese in Anspruch zu nehmen. Die Qualität der Beratungsangebote ist allerdings sehr unterschiedlich und hängt sehr mit der Persönlichkeit und dem Engagement des Beraters zusammen.

In die Kategorie von nicht rückzahlbaren Zuschüssen gehört auch die Weiterzahlung von Arbeitslosengeld I und

---

[29] Weiterführende Informationen und eine Datenbank mit Förderprogrammen finden Sie auf der folgenden Seite des Bundesministeriums für Wirtschaft und Energie: http://www.foerderdatenbank.de/

[30] Detaillierte Informationen zu den Leistungen der Startcenter finden Sie unter dem folgenden Kurzlink finden: https://goo.gl/dg8ivz

II, wenn die Gründung aus der Arbeitslosigkeit heraus erfolgt. Für Existenzgründungen, die aus der Phase des Bezuges von Arbeitslosengeld I erfolgen, ist das der Gründungszuschuss und für Existenzgründungen, die aus der Phase des Bezuges von Arbeitslosengeld II erfolgen, ist das das Einstiegsgeld.[31] Der Gründungszuschuss und das Einstiegsgeld sind keine Pflichtleistungen, d.h. es gibt keinen Rechtsanspruch darauf, sondern die Entscheidung wird vom zuständigen Ansprechpartner der Agentur für Arbeit im Einzelfall nach seinem Ermessen getroffen. Das bedeutet, dass Sie Überzeugungsarbeit leisten müssen, dass Ihre Existenzgründung Aussicht auf Erfolg hat. Wie Sie sehen, kann sich auch an dieser Front die gründliche und sorgfältige Erstellung eines Businessplans auszahlen.

---

[31] Weitere Informationen dazu finden Sie auf der folgenden Internetseite der Bundesagentur: https://goo.gl/vQtWUh

II. Zinsgünstige Darlehen

Eine weitere Form öffentlicher Förderung sind zins-
günstige Darlehen für die Existenzgründung. Diese werden
in der Regel für notwendige Investitionen und Anschaffung von Anlagevermögen gewährt und sind damit streng
zweckgebunden. Es gibt jedoch auch Förderdarlehen für
Betriebsmittel, die eine weniger enge Zweckbindung aufweisen. In allen Fällen ist jedoch die zweckentsprechende
Verwendung des zinssubventionierten Darlehens nachzuweisen. Sonst drohen eine Kündigung des Darlehens und
eine Rückabwicklung der darin enthaltenen Zinssubven-
tionen.

Förderdarlehen können nicht direkt bei einer Förderbank beantragt werden. Interessierte Gründer müssen
sich vielmehr an ihre Hausbank (jede Bank oder Sparkas-
se) wenden, um dort den Antrag zu stellen. Die Hausbank
leitet den Antrag an die Förderbank weiter. Das Verfahren
ist deutlich bürokratischer ausgestaltet als die Beantragung
eines ganz normalen Bankdarlehens. Sie müssen daher einiges an Zeit und Verwaltungsaufwand einkalkulieren.

Außerdem gibt es formale Fallstricke: Wenn Sie bereits
mit der Existenzgründung begonnen und dazu schon Verträge abgeschlossen haben, dann ist es für die Beantragung
von Förderdarlehen zu spät. Denn diese können nur **vor**
der Entscheidung über die Existenzgründung beantragt
werden. Wird diese Reihenfolge nicht eingehalten, liegt ein
sogenannter vorzeitiger Maßnahmenbeginn vor, der zwingend zur Ablehnung des Antrags auf Gewährung eines

Förderdarlehens führt. Etwas anderes gilt für eine zuschussgeförderte und vorgelagerte Existenzgründungsberatung. Eine solche stellt keinen vorzeitigen Maßnahmenbeginn dar und kann daher gefahrlos in Anspruch genommen werden.

Nachfolgend finden Sie eine Liste aller staatlichen Förderbanken in Deutschland mit Angabe der jeweiligen Internetseite.

Bund: http://www.kfw.de

Baden-Württemberg: http://www.l-bank.de

Bayern: http://www.lfa.de

Berlin: http://www.ibb.de

Brandenburg: http://www.ilb.de

Bremen: http://www.bab-bremen.de

Hamburg: http://www.wk-hamburg.de

Hessen: http://www.wibank.de

Mecklenburg-Vorpommern: http://www.lfi-mv.de

Niedersachsen: http://www.nbank.de

Nordrhein-Westfalen: http://www.nrwbank.de

Rheinland-Pfalz: http://www.isb.rlp.de

Saarland: http://www.sikb.de

Sachsen: http://www.sab.sachsen.de

Sachsen-Anhalt: http://www.ib-sachsen-anhalt.de

Schleswig-Holstein: http://www.ibank-sh.de

Thüringen: http://www.aufbaubank.de

Auf den Internetseiten der Förderbanken finden Sie umfangreiche Informationen über die aktuellen Förderprogramme für Existenzgründer. Außerdem können Sie Merkblätter mit der Auflistung der Fördervoraussetzungen herunterladen, um sich genau zu informieren, ob Sie antragsberechtigt sind und welche Leistungen in dem Förderprogramm enthalten sind.[32] Schließlich verfügen die Förderbanken über Servicehotlines, bei denen Sie Fragen stellen und eine individuelle Beratung über verfügbare Förderprogramme in Anspruch nehmen können.

---

[32] Beispielhaft möchte ich den ERP-Gründerkredit – StartGeld der KfW erwähnen, zu dem Sie detaillierte Informationen unter dem folgenden Kurzlink finden: https://goo.gl/Ct1DWk

III. HAFTUNGSFREISTELLUNGEN UND BÜRGSCHAFTEN

Schließlich gibt es Förderinstrumente, die dem Existenzgründer als Darlehensnehmer den Rücken stärken durch eine Verbesserung seiner Kreditwürdigkeit. Dazu gehören Bürgschaften und Haftungsfreistellungen, die von Förderbanken bei einigen Förderprogrammen zusätzlich zu dem zinsgünstigen Darlehen gewährt werden.[33]

Das funktioniert so, dass die Förderbank die Hausbank partiell von den Risiken der Darlehensgewährung freistellt. Bei einer Haftungsfreistellung in Höhe von beispielsweise 50% bedeutet das, dass die Hausbank das durchgeleitete Förderdarlehen an die Förderbank nur zu 50% zurückzahlen muss, wenn das Darlehen an den Existenzgründer notleidend und nicht zurückgezahlt wird. So können Risiken abgefedert werden, um die Bereitschaft der Hausbank zu stärken, eine Finanzierung zu übernehmen. Eine ähnliche Wirkung entfalten Bürgschaften einer Förderbank, die für die Aufnahme eines Darlehens bei einer Bank übernommen werden. Auch dadurch wird das Risiko für die Bank reduziert und damit die Bereitschaft zur Gewährung eines Darlehens an den Existenzgründer gestärkt.

---

[33] Beispielhaft möchte ich den NRW.BANK.Gründungskredit erwähnen, der optional eine Haftungsfreistellung oder Bürgschaftsübernahme vorsieht. Detaillierte Informationen dazu finden Sie unter dem folgenden Kurzlink: https://goo.gl/WUsTSo

IV. VENTURE CAPITAL - BETEILIGUNG

Last but not least möchte ich auf die Möglichkeit hinweisen, von einer Förderbank eine Venture Capital-Einlage (= Eigenkapitalspritze auf Zeit) zu erhalten. Dabei handelt es sich um die Bereitstellung von haftendem Eigenkapital durch eine Förderbank. Das ist etwas ganz anderes als ein Darlehen. Denn es ist eine Beteiligung am unternehmerischen Risiko, d.h. die Bank erhält ihre Beteiligung nur dann zurück, wenn sich der Erfolg des Unternehmens einstellt und alle anderen Verbindlichkeiten zurückgeführt worden sind. Damit ist eine solche Kapitalbeteiligung nachranging gegenüber allen anderen Forderungen von Gläubigern und damit für die Bank deutlich riskanter als die Herauslegung eines Darlehens.

Solche Finanzierungen sind viel seltener als ganz normale Förderprogrammdarlehen. Sie sind in der Umsetzung sehr aufwendig und kommen daher in der Regel nur für größere und sehr kapitalintensive Star-Up-Unternehmen zum Einsatz. Weitere Details können Sie auf den oben angegebenen Internetseiten der Förderbanken nachlesen.

V. Krankenversicherung & Altersvorsorge

Zur Finanzierung der Existenzgründung gehört auch eine Auseinandersetzung mit der Frage, wie die Kranken- und Pflegeversicherung und die Altersvorsorge organisiert und finanziert werden kann. Denn ohne einen Arbeitgeber und entsprechende zwangsweise Sozialversicherungen über das Arbeitsverhältnis sind Sie selbst verantwortlich, sich um diese Dinge zu kümmern.

1. Kranken- und Pflegeversicherung

Bis zum 31.12.2008 waren Selbständige nicht verpflichtet, eine **Kranken- und Pflegversicherung** abzuschließen. Das hat sich mit Wirkung zum 01.01.2009 geändert. Seitdem sind auch Selbständige verpflichtet, eine Kranken- und Pflegeversicherung abzuschließen. Dabei ist zu bedenken, dass Sie als Selbständiger 100% der Beiträge selbst finanzieren müssen und nicht nur Hälfte. Denn der Arbeitgeberzuschuss zu den Sozialversicherungsbeiträgen entfällt natürlich, wenn Sie vom Angestelltendasein in die Selbständigkeit wechseln.

Unabhängig von Einkommensgrenzen sind Selbständige jedoch nach wie vor frei, ob sie eine gesetzliche oder private Kranken- und Pflegeversicherung wählen. Es ist ein Rechenexempel für jeden Einzelfall, welche Variante günstiger ist. Wenn Sie eine Familie und Kinder haben, dann ist die gesetzliche Kranken- und Pflegeversicherung in aller Regel günstiger, weil Familienmitglieder ohne eigenes Einkommen kostenlos mitversichert werden können. Das ist in der privaten Kranken- und Pflegeversicherung nicht möglich. Außerdem steigen die Versicherungsbeiträge bei der privaten Kranken- und Pflegeversicherung im Alter stark an. Das ist ein erhebliches Risiko. Bedenken Sie bitte auch, dass Sie aus der privaten Kranken- und Pflegeversicherung nicht so einfach wieder herauskommen. Eine einmal getroffene Entscheidung für die private Kranken- und Pflegeversicherung bindet Sie.

Ein weiteres Argument für die gesetzliche und gegen die private Kranken- und Pflegeversicherung kann sich aus der gerade vom Bundestag beschlossenen Senkung der Mindestbemessungsgrenze für Selbständige in der gesetzlichen Kranken- und Pflegeversicherung zum 01.01.2019 ergeben. Bisher beträgt die Mindestbemessungsgrenze der gesetzlichen Kranken- und Pflegeversicherung für Selbständige € 2.284 pro Monat. Draus resultiert ein monatlicher Mindestbeitrag von € 423 zur Kranken- und Pflegeversicherung. Ab 2019 sinkt die Mindestbemessungsgrenze auf € 1.015 pro Monat, was zur Absenkung des Mindestbeitrags für Selbständige auf € 188 pro Monat führt. Wenn Sie davon ausgehen, dass Ihre selbständige Tätigkeit zunächst nur Gewinne bis zu dieser Mindestbemessungsgrenze oder leicht darüber einbringen wird, dann dürften Sie auf jeden Fall mit der Entscheidung für die gesetzliche und gegen die private Kranken- und Pflegeversicherung besser fahren.

2. Altersvorsorge

Das Thema Altersvorsorge für Selbständige ist ein Dauerbrenner in der politischen Diskussion. Derzeit sind Selbständige - bis auf einige wenige Ausnahmen - grundsätzlich noch von der Versicherungspflicht in der Deutschen Rentenversicherung und von der Verpflichtung zum Aufbau einer Altersvorsorge befreit.[34] Das könnte sich jedoch ändern, wenn den Absichtsbekundungen der Regierungskoalition Taten folgen sollten. Ich zitiere wie folgt von Seite 93 des Koalitionsvertrages:

„Um den sozialen Schutz von Selbstständigen zu verbessern, wollen wir eine gründerfreundlich ausgestaltete Altersvorsorgepflicht für alle Selbstständigen einführen, die nicht bereits anderweitig obligatorisch (z. B. in berufsständischen Versorgungswerken) abgesichert sind. Grundsätzlich sollen Selbstständige zwischen der gesetzlichen Rentenversicherung und – als Opt-out-Lösung – anderen geeigneten insolvenzsicheren Vorsorgearten wählen können, wobei diese insolvenz- und pfändungssicher sein und in der Regel zu einer Rente oberhalb des Grundsicherungsniveaus führen müssen."[35]

Ob diese Planungen wirklich umgesetzt werden, ist derzeit noch nicht absehbar. Bereits im Jahr 2012 gab es einen Anlauf, die Rentenversicherungspflicht für Selbstän-

---

[34] Für welche Berufsgruppen von Selbständigen es bereits jetzt Ausnahmen von der Freiheit von der Rentenversicherungspflicht gibt, können Sie auf der folgenden Internetseite der Deutschen Rentenversicherung nachlesen: https://goo.gl/BFrU9m

[35] Diese Aussage finden Sie im Koalitionsvertrag auf Seite 93. Den Text des Koalitionsvertrages können Sie unter dem folgenden Kurzlink im Internet kostenlos herunterladen: https://goo.gl/Ct1DWk

dige einzuführen.[36] Der damalige Plan ist jedoch im Sande
verlaufen und nicht umgesetzt worden.

Bei genauem Hinsehen zeigt sich, dass es sich bei den
jetzigen Ideen im Koalitionsvertrag wohl nicht um eine
flächendeckende Einführung der Versicherungsplicht in
der Deutschen Rentenversicherung handeln dürfte. Vielmehr sollen Selbständige die Freiheit behalten, selbst zu
entscheiden, ob Sie Mitglied in der gesetzlichen Rentenversicherung werden wollen oder anderweitige Instrumen-
te der Altersvorsorge wählen (z.B. Rürup-Rente oder Pensionszusage einer inhabergeführten GmbH an den Geschäftsführer).[37]

Insofern dürfte nach meiner Einschätzung die Hoff-
nung berechtigt sein, dass sich nicht allzu viel ändern wird.
Die Erhaltung einer grundsätzlichen Wahlfreiheit von
Selbständigen bei der Gestaltung der eigenen Altersvorsorge dürfte nach meinem Verständnis der politischen Positionen nicht beabsichtigt sein.

---

[36] Ich verweise dazu auf einen Artikel in Spiegel Online vom
21.03.2012, den Sie unter dem folgenden Kurzlink im Internet
kostenlos herunterladen können: https://goo.gl/SE3r1k

[37] Details und Hintergründe zur Pensionszusage als Baustein
der Altersvorsorge können Sie in meinem Buch
**„Rechtsformwahl für Selbständige &
Existenzgründer: Mit optimaler Rechtsform
Haftung begrenzen, Steuerbelastung senken und
Gewinn steigern**" nachlesen (bei Amazon aufzufinden
unter dem folgenden Link: https://amzn.to/2UBF2Z6).

K. ABSCHLUSS VON VERTRÄGEN (SCHRITT 7)

Bei der Existenzgründung müssen Sie diverse Verträge abschließen. Beispielhaft seien Gewerbemietverträge über Büroraum oder Ladenflächen, Darlehensverträge und Arbeitsverträge erwähnt. Diese Verträge sind sehr wichtig und Sie sollten daher beim Abschluss sehr sorgfältig vorgehen. Dabei ist es nicht ausreichend, einfach irgendwelche Muster zu verwenden. Sie müssen sich vielmehr konkrete Gedanken machen, welchen Inhalt der Verträge Sie für Ihr Geschäftsmodell anstreben sollten und auf dieser Grundlage die Verhandlungen führen.

Ich möchte das beispielhaft an einem Mietvertrag über Gewerbeflächen erklären: Die Konditionen eines Mietvertrages über Gewerbeflächen können große Auswirkungen auf Ihren langfristigen Erfolg und die Zukunftsperspektive Ihres Unternehmens haben. Einerseits sind Sie natürlich daran interessiert, sich nicht zu langfristig zu binden und daher keine Festlaufzeiten von 20 Jahren zu vereinbaren. Denn das würde sehr teuer, wenn das Geschäftsmodell nicht funktioniert und Sie die Gewerbeflächen trotzdem noch fast 20 Jahre lang mieten müssen. Andererseits wäre es misslich, wenn der Mietvertrag nach 2 Jahren ausläuft und Ihr Geschäft dann an einem sehr gut laufenden Standort beendet werden muss, weil der Vermieter nicht bereit ist, den Mietvertrag zu verlängern. Das kann durchaus passieren. Denn ein Gewerbemietvertrag unterliegt ganz anderen Spielregeln als ein Mietvertrag über Wohnraum. Wohnraummietverträge werden in aller Regel unbefristet geschlossen und können **vom Mieter** jederzeit ohne Angabe von Gründen mit einer Kündigungsfrist beendet werden und **vom Vermieter** nur bei Vorliegen eines wichtigen Grundes (z.B. Eigenbedarf). Das gewährleistet für den Mieter große Flexibilität und Rechtssicherheit. Bei Gewerbemietverträgen ist das ganz anders. Nahezu ausnahmslos werden in Gewerbemietverträgen **anfängliche Festlaufzeiten** ohne Kündigungsmöglichkeit vereinbart. Diese Festlaufzeiten betragen häufig 5 Jahre. Manchmal werden auch kürzere Festlaufzeiten von 3 Jahren oder längere von 10 Jahren vereinbart. Dem Mieter wird im Vertrag darüber hinaus in aller Regel eine Verlängerungsoption (z.B. für weitere 5 Jahre) eingeräumt, die häufig mit einer von Anfang an festgelegten Mieterhöhung für den Verlängerungszeitraum gekoppelt wird. Es können auch mehrere Verlängerungsoptionen hintereinandergeschaltet werden. Das ermöglicht es dem Mieter, sich gemietete Gewerbeflächen langfristig zu sichern, ohne sich bereits von Anfang an für sehr lange Zeiträume zu binden.

Wie genau die Kombination von anfänglicher Festlaufzeit und Verlängerungsoptionen ausgestaltet wird, ist Verhandlungssache. Hier müssen Sie zu Anfang einmal sehr gründlich nachdenken, damit Sie für die Zukunft optimal aufgestellt sind und bei der Neuverhandlung von Konditionen nach Auslaufen des Mietvertrages nicht erpressbar werden. Denn wenn der Vermieter merkt, dass die Gewerbeflächen kriegsentscheidend für die Fortsetzung Ihres Erfolges sind, dann könnte das die Miete für die Verlängerung extrem nach oben treiben. Die Entwicklung einer

Verhandlungsstrategie für einen optimalen Mix aus anfänglicher Festlaufzeit und Verlängerungsoptionen und die Verhandlungen selbst können Sie nicht auf einen Rechtsanwalt delegieren. Denn Sie hängt sehr eng zusammen mit Ihrem Geschäftsmodell und Ihren Detailplanungen. Sie sind daher selbst im Driver Seat und sollten besser gar nicht versuchen, die Entscheidungen zu delegieren.

Ich plane ein weiteres Buchprojekt mit einer Mustertextsammlung von wichtigen Verträgen für die Existenzgründungsphase und detaillierten Hinweisen zu dem notwendigen Inhalt der Verträge. Wenn Sie Interesse daran haben, sollten Sie meine weitere Veröffentlichungen im Auge behalten (z.B. über meine Homepage: https://alexander-goldwein.de).

INDEX

BONUSMATERIAL

Liebe Leserin,

Lieber Leser,

als Erwerber dieses Buches sind Sie zum Bezug von Bonusmaterial in Form eines Mustertextes für einen GmbH - Gesellschaftsvertrag berechtigt. Wie in diesem Buch dargestellt, ist die GmbH aus guten Gründen die häufigste Rechtsform bei Existenzgründungen.

Das Bonusmaterial erhalten Sie unkompliziert über einen Downloadlink auf Anforderung an die folgende E-Mail-Adresse:

ees@alexander-goldwein.de

An dieser Stelle möchte ich mich bei allen treuen Lesern herzlich bedanken für viele interessante Rückmeldungen und Gespräche.

Alexander Goldwein

DER AUTOR

Alexander Goldwein ist gelernter Jurist und hat einen internationalen Bildungshintergrund. Er hat in drei Staaten in drei Sprachen studiert. Er ist mit Kapitalanlagen in Immobilien und als Unternehmer self-made Millionär geworden.

Als Autor und Berater hat er zahlreiche Menschen zu wirtschaftlichem Erfolg geführt. Goldwein verfügt über eine große Bandbreite praktischer Erfahrung aus seiner Tätigkeit als Jurist in der Rechtsabteilung einer Bank sowie als kaufmännischer Projektleiter in der Immobilienbranche. In seiner praktischen Laufbahn hat er Immobilieninvestments in den USA und in Deutschland aus wirtschaftlicher und rechtlicher Sicht begleitet und verantwortet. Durch seine Bücher hat Goldwein sich bei privaten Kapitalanlegern einen legendären Ruf erarbeitet, weil er mit seinen ganzheitlichen Erklärungsansätzen den idealen Nährboden für gelungene Investitionen in Wohnimmobilien erzeugt. Mit eigenen Investitionen in Immobilien hat er ein beachtliches Vermögen aufgebaut und wirtschaftliche Unabhängigkeit erlangt.

Goldwein verfolgt konsequent den Ansatz, komplexe Themen einfach zu erklären, so dass auch Anfänger ohne Vorkenntnisse mühelos folgen können. Er erreicht so alle, die gerne in Immobilien investieren würden, aber bisher noch keinen Zugang zu dem notwendigen Fachwissen erhalten haben. Leider werden Grundkenntnisse des Investierens und des klugen Umgangs mit Geld in unserem Bildungssystem sträflich vernachlässigt. So erklärt sich, dass viele Menschen sich damit schwer tun und ihre Chancen nicht richtig nutzen.

GELD VERDIENEN MIT WOHNIMMOBILIEN
Erfolg als privater Immobilieninvestor

ISBN:

9783947201495

(Taschenbuch)

ISBN:

9780994853332

(Gebundene Ausgabe)

Auf Amazon.de:

https://amzn.to/2YFxbgj

Auch Sie können Erfolg haben mit Kapitalanlagen in Wohnimmobilien! In diesem Buch erklärt der gelernte Jurist und Banker Alexander Goldwein verständlich und mit konkret durchgerechneten Beispielen, wie Sie mit Wohnimmobilien ein Vermögen aufbauen und finanzielle Freiheit erlangen können. Die Lektüre setzt keine Vorkenntnisse voraus und ist auch für Anfänger geeignet. In diesem Buch erfahren Sie ganz konkret:

- Strategien zur sicheren & rentablen Kapitalanlage in Wohnimmobilien

- Aufspüren lukrativer Renditeimmobilien auch in angespannten Märkten

- Grundlagen der Immobilienbewertung und Kaufpreisfindung

- Checklisten zur professionellen Prüfung & Verhandlungsstrategien für den Ankauf

- Strategien für die optimale Finanzierung und Hebelung der Eigenkapitalrendite

- Berechnung von Cash-Flow & Rendite mit dem als Bonus erhältlichen Excel-Rechentool

- Steueroptimierte Bewirtschaftung & Realisierung von Veräußerungsgewinnen

- Praxisrelevante Grundlagen des Immobilienrechtes (inklusive der Besonderheiten bei vermieteten Eigentumswohnungen)

- Praxisrelevante Grundlagen des Mietrechtes (inklusive der Regelungen zu Mieterhöhungen)

STEUERLEITFADEN FÜR IMMOBILIENINVESTOREN
Der ultimative Steuerratgeber für Privatinvestitionen in Wohnimmobilien

ISBN:

9783947201488

(Taschenbuch)

ISBN:

9780994853387

(Gebundene Ausgabe)

Auf Amazon.de:

https://amzn.to/34tufW8

Sichern Sie sich maximale Steuervorteile durch überlegenes Wissen! Der Autor erklärt Ihnen Schritt für Schritt praxiserprobte Steuerstrategien für vermietete Wohnimmobilien. Kompakt, verständlich und gründlich.

- Maximaler Ansatz von Werbungskosten

- Realisierung steuerfreier Veräußerungsgewinne

- Steuervorteile bei Denkmalschutzimmobilien

- Ferienimmobilien im In- und Ausland als Renditeobjekt

- Erbschafts- und Schenkungssteuer (steueroptimierte Übertragung auf Ehepartner & Kinder)

- Bonusmaterial: Excel-Tool für Kalkulation von Rendite, Finanzierungskosten und Cash-Flow

Das Markenzeichen von Alexander Goldwein ist, komplexe Themen einfach zu erklären. So haben auch Leser ohne Vorkenntnisse die Chance, die Zusammenhänge zu verstehen und dieses Wissen für sich zu nutzen. Das Buch enthält zahlreiche Beispiele aus der Praxis und aktuelle Hinweise auf die Rechtsprechung und auf Schreiben des Bundesfinanzministeriums. Es ist sowohl für Anfänger als auch für Fortgeschrittene geeignet.

Profitieren Sie von den praktischen Erfahrungen des Autors als erfolgreicher Immobilieninvestor, Jurist mit Spezialisierung im Steuerrecht und als kaufmännischer Projektleiter in der Immobilienbranche!

VERMIETUNG & MIETERHÖHUNG
Mit anwaltsgeprüftem Mustermietvertrag & Mustertexten

ISBN:

(Taschenbuch)

9783947201440

ISBN:

(Gebundene Ausgabe)

9780994853394

Auf Amazon.de:

https://amzn.to/2O0oV2g

Dieser Ratgeber hilft mit umfassenden Informationen und praktischen Tipps, die Vermietung professionell anzupacken. Er führt verständlich in die praxisrelevanten Grundlagen des Mietrechtes ein und leitet daraus strategische Empfehlungen ab. Darüber hinaus erhalten Sie zahlreiche Mustertexte (z.B. Übergabeprotokolle, Betriebskostenabrechnungen) und Musterschreiben (z.B. für Mieterhöhungen, Abmahnungen und Kündigungen), um das vermittelte Wissen konkret in die Praxis umzusetzen. Die Mustertexte können Sie auch als Datei anfordern, um diese zu bearbeiten und selbst auszudrucken.

- Anwaltsgeprüfter Mustermietvertrag und zahlreiche Mustertexte für die praktische Umsetzung

- Strategien für die richtige Mieterauswahl

- Muster für professionelle Nebenkostenabrechnung

- Mieterhöhungen durchsetzen & Mietminderungen abwehren

- Entschärfung von Konfliktherden mit Mietern

Der Autor Goldwein ist selbst erfolgreicher Vermieter. Als gelernter Jurist hat er sich auf das Immobilienrecht spezialisiert und mehrere Bestseller zu Kapitalanlagen in Wohnimmobilien geschrieben.

IMMOBILIEN STEUEROPTIMIERT VERSCHENKEN & VERERBEN
Erbfolge durch Testament regeln & Steuern sparen mit Freibeträgen & Schenkungen von Häusern & Eigentumswohnungen

ISBN:

9783947201433
(Taschenbuch)

ISBN:

9780994853349   (Gebundene Ausgabe)

Auf Amazon.de:

https://amzn.to/2UEuXL7

Dieser Ratgeber hilft Ihnen, Ihr Testament richtig aufzusetzen und die Übertragung Ihres Vermögens auf die nachfolgenden Generationen steueroptimiert zu gestalten. Immobilien als Bestandteil des Vermögens sind in ganz besonderem Maße geeignet, durch Ausnutzung von Gestaltungsspielräumen Steuern zu sparen und die alte Generation für das Alter abzusichern. Die Grundlagen und Gestaltungsmöglichkeiten werden in diesem Buch systematisch und verständlich dargestellt. Die Lektüre setzt keine Vorkenntnisse voraus und ist auch für rechtliche Laien geeignet.

Aus dem Inhalt:

- Darstellung der gesetzlichen Erbfolge mit den Konsequenzen für die Erbschaftsteuerbelastung

- Optimale Gestaltung des Testamentes zur Übertragung von Immobilien auf Kinder und Enkel

- Schenkungen von Immobilien zu Lebzeiten als Mittel zur Senkung der Steuerbelastung

- Absicherung des Schenkers von Immobilien durch Nießbrauch, dingliches Wohnrecht und Leibrente

- Anhang mit Mustertexten zur Umsetzung der Strategien

Der self-made Millionär und Bestsellerautor Goldwein ist gelernter Jurist mit einer Spezialisierung im Immobilien- und Steuerrecht. Er hat mit seinen Ratgeberbüchern zahlreiche Leser begeistert und zu wirtschaftlichem Erfolg geführt. Mehrere seiner praktischen Ratgeber sind Bestseller Nr. 1 bei Amazon geworden.

DIE GESETZE VON ERFOLG & GLÜCK
Ihr Weg zu finanzieller Freiheit & Zufriedenheit

ISBN:

9783947201013

(Taschenbuch)

ISBN:

9783947201136

(Gebundene Ausgabe)

Auf Amazon.de:

https://amzn.to/2pPSAAm

Es ist die Frage der Fragen: Wie wird man als Mensch erfolgreich und glücklich?

Der self-made Millionär und Bestsellerautor Goldwein gibt Antworten und verrät in diesem Buch die Geheimnisse seines phänomenalen Erfolges. Innerhalb weniger Jahre ist der gelernte Jurist mit Kapitalanlagen in Immobilien Millionär geworden und darüber hinaus zu einem der erfolgreichsten Sachbuchautoren in Deutschland aufgestiegen. Er hat mit seinen Ratgeberbüchern viele Leser begeistert und zu wirtschaftlichem Erfolg geführt.

Aus dem Inhalt:

- Selbsterkenntnis als Schlüssel zum Erfolg

- Wege in die finanzielle Freiheit

- Chancen erkennen & nutzen

- Steigerung der Effizienz mit einfachen Mitteln

- Steigerung der Lebensqualität & Zufriedenheit

- Mehr Erfolg bei weniger Stress

- Unabhängigkeit & Freiheit erlangen

FERIENIMMOBILIEN IN DEUTSCHLAND & IM AUSLAND
Erwerben, Selbstnutzen & Vermieten

ISBN:

9783947201471

(Taschenbuch)

ISBN:

9783947201167

(Gebundene Ausgabe)

Auf Amazon.de:

https://amzn.to/2PanyD6

Viele Menschen träumen von einer eigenen Ferienimmobilie in Deutschland oder im Ausland. Dieser Ratgeber zeigt Ihnen, worauf es beim Erwerb und bei der Finanzierung ankommt und wie Sie Fehler vermeiden.

Sie erfahren ganz konkret:

- Kriterien für die Auswahl der Ferienimmobilie

- Kriterien für die Auswahl des Standortes

- Ermittlung des angemessenen Kaufpreises

- Rechtssicherer Erwerb im Inland und im Ausland

- Eliminierung typischer Fehlerquellen

- Eigennutzung und Vermietung der Ferienimmobilie

- Ferienimmobilie als Kapitalanlage

- Steuerrechtliche Fragen bei Erwerb und Vermietung

- VISA-Anforderungen bei Auslandsimmobilien

Der Bestsellerautor Goldwein ist gelernter Jurist und hat in drei Staaten in drei Sprachen studiert. Er beschäftigt sich seit fast 20 Jahren professionell mit Immobilien und ist selbst Eigentümer von Ferienimmobilien in Deutschland, Spanien und Florida. Mehrere seiner Bücher sind Bestseller Nr. 1 bei Amazon und haben zahlreiche Leser begeistert und zum Erfolg geführt.

Als Leser dieses Buches sind Sie zum kostenlosen Bezug von attraktivem Bonusmaterial des Autors in Form eines Wissenspaketes für Immobilieninvestoren berechtigt.

IMMOBILIEN IN SPANIEN
Erwerben, Selbstnutzen & Vermieten

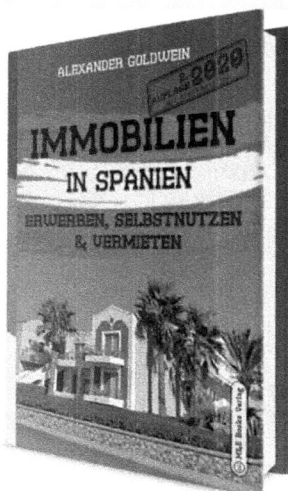

ISBN:

9783947201457

(Taschenbuch)

ISBN:

9783947201228

(Gebundene Ausgabe)

Auf Amazon.de:

https://amzn.to/2ryjymp

Viele Menschen träumen von einer eigenen Immobilie in Spanien. Dieser Ratgeber zeigt Ihnen, worauf es beim Erwerb und bei der Finanzierung ankommt und wie Sie Fehler vermeiden.

Sie erfahren ganz konkret:

- Kriterien für die Auswahl der Immobilie

- Ermittlung des angemessenen Kaufpreises

- Rechtssicherer Erwerb in Spanien

- Eliminierung typischer Fehlerquellen

- Eigennutzung und Vermietung

- Immobilie in Spanien als Kapitalanlage

- Steuerrechtliche Fragen bei Erwerb und Vermietung

- VISA-Anforderungen für langfristige Niederlassung

Der Bestsellerautor Goldwein ist gelernter Jurist und hat in drei Staaten in drei Sprachen studiert. Er beschäftigt sich seit fast 20 Jahren professionell mit Immobilien und ist selbst Eigentümer von Immobilien in Spanien, Deutschland und Florida. Mehrere seiner Bücher sind Bestseller Nr. 1 bei Amazon und haben zahlreiche Leser begeistert und zum Erfolg geführt.

Als Leser dieses Buches sind Sie zum kostenlosen Bezug von attraktivem Bonusmaterial des Autors in Form eines Wissenspaketes für Immobilieninvestoren berechtigt.

IMMOBILIEN IN DEN USA
Erwerben, Selbstnutzen & Vermieten

ISBN:

9783947201464

(Taschenbuch)

ISBN:

9783947201242

(Gebundene Ausgabe)

Auf Amazon.de:

https://amzn.to/2OLGxCA

Viele Menschen träumen von einer eigenen Immobilie in den USA. Dieser Ratgeber zeigt Ihnen, worauf es beim Erwerb und bei der Finanzierung ankommt und wie Sie Fehler vermeiden.

Sie erfahren ganz konkret:

- Kriterien für die Auswahl der Immobilie

- Kriterien für die Auswahl des Standortes

- Ermittlung des angemessenen Kaufpreises

- Rechtssicherer Erwerb in den USA

- Eliminierung typischer Fehlerquellen

- Eigennutzung und Vermietung

- Ferienimmobilie als Kapitalanlage

- Steuerrechtliche Fragen bei Erwerb und Vermietung

- VISA-Anforderungen in den USA

Der Bestsellerautor Goldwein ist gelernter Jurist und hat in drei Staaten in drei Sprachen studiert. Er beschäftigt sich seit fast 20 Jahren professionell mit Immobilien und ist selbst Eigentümer von Immobilien in den USA, Deutschland und Spanien. Mehrere seiner Bücher sind Bestseller Nr. 1 bei Amazon und haben zahlreiche Leser begeistert und zum Erfolg geführt

Als Leser dieses Buches sind Sie zum kostenlosen Bezug von attraktivem Bonusmaterial des Autors in Form eines Wissenspaketes für Immobilieninvestoren berechtigt.

DAS IMMOBILIEN-PRAXISHANDBUCH FÜR EIGENNUTZER
Die richtige Strategie für Immobilienkauf, Immobilienfinanzierung & Neubau

ISBN:

9783947201334

(Taschenbuch)

ISBN:

9783947201341

(Gebundene Ausgabe)

Auf Amazon.de:

https://amzn.to/2HDMHnu

Kauf, Neubau und Finanzierung eines Eigenheims stellen langfristige und weitreichende Weichenstellungen dar. In diesem Ratgeber erhalten Sie umfangreiche Informationen und Checklisten für den Kauf einer gebrauchten Immobilie sowie für den Neubau in Eigenregie. Als Bonus ist ein Excel-Rechentool für Immobiliendarlehen verfügbar. Mit diesem Ratgeber werden Sie in der Lage sein, die Anschaffung und Finanzierung gut zu organisieren und teure Fehlgriffe zu vermeiden.

Aus dem Inhalt:

* Kauf einer gebrauchten Immobilie

* Kauf einer Neubauimmobilie vom Bauträger

- Kauf eines Grundstückes & Bau in Eigenregie

- Besonderheiten beim Kauf einer Eigentumswohnung

- Kauf in der Zwangsversteigerung

- Strategien für eine intelligente Finanzierung mit Darlehen & Eigenkapital

- Staatliche Förderung des Eigenheimerwerbs (z.B. Wohn-Riester)

- Berechnungstool für Darlehensfinanzierungen

Der Bestsellerautor Goldwein beschäftigt sich als Investor, Banker und Jurist mit einer Spezialisierung im Immobilienrecht seit fast 20 Jahren professionell mit Wohnimmobilien. Mehrere seiner Bücher sind Bestseller Nr. 1 bei Amazon und haben zahlreiche Leser begeistert und zum Erfolg geführt.

LEITFADEN FÜR INVESTMENTSTRATEGIE, STEUERSTRATEGIE & STEUEROPTIMIERTE RECHTSFORMWAHL

Das Erfolgsgeheimnis für den Aufstieg aus der Mittelschicht zum Millionär

ISBN:

9783947201372

(Taschenbuch)

ISBN:

9783947201389

(Gebundene Ausgabe)

Auf Amazon.de:

https://amzn.to/2t58tHv

Viele Menschen aus der Mittelschicht schaffen den Aufstieg zum Millionär nur deshalb nicht, weil ihnen die entscheidenden Informationen fehlen, um ihre Steuerbelastung zu verringern und durch intelligente Investitionen ein Vermögen aufzubauen. Das gilt insbesondere für hochqualifizierte Arbeitnehmer und kleinere mittelständische Unternehmer.

Für die Erlangung von finanzieller Freiheit und wirtschaftlicher Unabhängigkeit ist der Aufbau eines größeren Vermögens unverzichtbar. Dazu sind drei entscheidende Baustellen in den Blick zu nehmen:

1. Erhöhung der Einnahmen

2. Intelligente Investition von Kapital zur Generierung passiver Einkünfte

3. Begrenzung der Steuerbelastung

Dieser Ratgeber vermittelt das entscheidende Wissen für eine ausgefeilte Investment- und Steuerstrategie, die für jedermann umsetzbar ist und den Weg zur finanziellen Freiheit und Unabhängigkeit ebnet.

EXISTENZGRÜNDUNG LEICHT GEMACHT: IN 7 SCHRITTEN ERFOLGREICH DURCHSTARTEN IN DIE SELBSTÄNDIGKEIT:
Geschäftsmodell, Charakterliche Eignung, Recht & Steuern

ISBN:

9783947201419

(Taschenbuch)

ISBN:

9783947201426

(Gebundene Ausgabe)

Auf Amazon.de:

https://amzn.to/2OaEsj1

Viele Menschen träumen von einer Karriere als erfolgreicher Unternehmer. Doch nur wenige erreichen dieses Ziel. Für unternehmerischen Erfolg sind grundlegende charakterliche Prägungen und Veranlagungen erforderlich. Mindestens genauso wichtig sind ein planmäßiges Vorgehen und eine gute Wissensgrundlage.

Dieser Ratgeber vermittelt die erforderlichen Grundlagen für eine erfolgreiche Existenzgründung und hilft bei der Entwicklung eines tragfähigen Geschäftsmodells. Außerdem verrät der Autor die besten 3 Geschäftsmodelle aus seiner Beratungspraxis für Existenzgründer.

Der Bestsellerautor und self-made Millionär Alexander Goldwein ist gelernter Jurist und erfolgreicher Unternehmer und Investor. Mit seinen Ratgeberbüchern hat er zahlreiche Leser begeistert und zu wirtschaftlichem Erfolg geführt.

RECHTSFORMWAHL FÜR SELBSTÄNDIGE & EXISTENZGRÜNDER: Mit Optimaler Rechtsform Haftung begrenzen, Steuerbelastung senken und Gewinn steigern

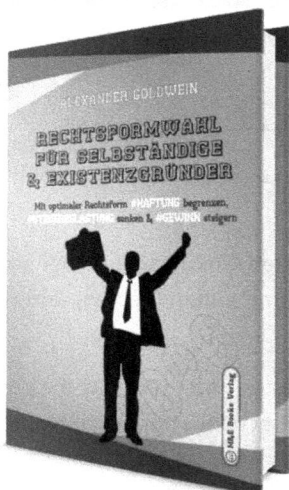

ISBN:

9783947201396

(Taschenbuch)

ISBN:

9783947201402

(Gebundene Ausgabe)

Auf Amazon.de:

https://amzn.to/2HtTQXi

Viele Selbständige und Existenzgründer unterschätzen radikal die Bedeutung der Rechtsformwahl für die Optimierung der Steuerbelastung und Altersvorsorge. Oft erkennen sie erst Jahre später, dass die GmbH als Rechtsform viele Steuern gespart hätte.

In diesem Leitfaden werden die möglichen Rechtsformen vorgestellt und die Auswirkungen der Rechtsformwahl auf Haftungsbegrenzung, Steuerbelastung und Altersvorsorge beleuchtet. Darüber hinaus werden die Aspekte eines Rechtsformwechsels bei einem bereits bestehenden Unternehmen besprochen.

Der als Bonus zu diesem Buch verfügbare Steuerbelastungsvergleichsrechner auf MS-Excel-Basis ermöglicht exakte Vergleichsrechnungen der Gesamtsteuerbelastung für unterschiedliche Rechtsformen.

Aus dem Inhalt:

- Grundlagen der Rechtsformwahl für die selbständige Tätigkeit

- Steuerbelastungsvergleiche zur Herleitung der Vorteilhaftigkeit der GmbH

- Steuerbelastungsvergleichsrechner auf MS-Excel-Basis

- Rechtsformwechsel eines bereits bestehenden Unternehmens

- Pensionszusage der inhabergeführten GmbH als intelligente Kombination einer Altersvorsorge mit einem Steuersparmodell

Der Bestsellerautor Goldwein ist gelernter Jurist und hat in drei Staaten in drei Sprachen studiert. Er hat viele Jahre Erfahrung als kaufmännischer Projektleiter in der Immobilienbranche sowie als Unternehmensjurist und Banker. Der Autor Goldwein ist spezialisiert auf Immobilienrecht und Steuerrecht. Darüber hinaus ist er selbst erfolgreicher Investor in Wohnimmobilien. Er beschäftigt sich seit fast 20 Jahren professionell mit Immobilien und ist selbst Eigentümer von Immobilien in Deutschland, Spanien und Florida. Mehrere seiner Bücher sind Bestseller Nr. 1 bei Amazon und haben zahlreiche Leser begeistert und zum Erfolg geführt.

HAFTUNGSAUSSCHLUSS

Die Umsetzung aller enthaltenen Informationen, Anleitungen und Strategien dieses Werkes erfolgt auf eigenes Risiko. Für etwaige Schäden jeglicher Art kann der Verlag/Herausgeber/Autor aus keinem Rechtsgrund eine Haftung übernehmen. Für Schäden materieller oder ideeller Art, die durch die Nutzung oder Nichtnutzung der Informationen bzw. durch die Nutzung fehlerhafter und/oder unvollständiger Informationen verursacht wurden, sind Haftungsansprüche gegen den Verlag/Herausgeber/Autor grundsätzlich ausgeschlossen. Ausgeschlossen sind daher auch jegliche Rechts- und Schadensersatzansprüche. Dieses Werk wurde mit größter Sorgfalt nach bestem Wissen und Gewissen erarbeitet und niedergeschrieben. Für die Aktualität, Vollständigkeit und Qualität der Informationen übernimmt der Verlag/Herausgeber/Autor jedoch keinerlei Gewähr. Auch können Druckfehler und Falschinformationen nicht vollständig ausgeschlossen werden. Für fehlerhafte Angaben vom Verlag/Herausgeber/Autor kann keine juristische Verantwortung sowie Haftung in irgendeiner Form übernommen werden.